URBAN GRÜNZEUG

Yasmin Maddi

URBAN GRÜNZEUG

Städtisches Gärtnern in Hamburg

JUNIUS

URBANES GÄRTNERN: FORMEN, GESCHICHTE UND ZUKUNFT

VIVE LES LEGUMES!

Urbanes Gärtnern in Hamburg

Am Anfang war der Kampf. Eine sanfte Armee politischer Aktivisten zog los, um mit Samenbomben und Moosmilch politischen Protest und zivilen Ungehorsam zu leisten. Aus Blumensamen wuchsen Friedenssymbole; um auf den Hunger in der Welt aufmerksam zu machen, wurden Reis und Getreide in öffentlichen Grünanlagen gepflanzt. Botschaften, in Moosmilch geschrieben, zierten die tristen grauen Mauern in den Städten.

Neben der politischen Form des Guerilla Gardenings entwickelte sich bald eine Bewegung, die gegen die Agrarindustrie protestierte und ihrem Wunsch nach urbaner Selbstversorgung sowie einer umweltfreundlichen, lebenswerten Stadtentwicklung Ausdruck verleihen sollte. Die Guerilla Gardener nutzten brachliegende Flächen zum Gemüseanbau, bepflanzten Grünstreifen und verwandelten Hinterhöfe in grüne Biotope.

Aus den ursprünglich illegalen Aktionen sind mittlerweile legale Formen des urbanen Gärtnerns entstanden, die sich für umfangreiche Begrünung und für die Lebensmittelerzeugung in der Stadt starkmachen. Während Urban Gardening den Eigenbedarf deckt, steht Urban Farming für die kommerzielle Form, Obst, Gemüse, Kräuter sowie tierische Produkte in Städten zu erzeugen, um die Stadtbevölkerung zu ernähren, sich von der Lebensmittelindustrie unabhängiger zu machen und die lokale Wirtschaft zu stärken.

Neben dem Umweltfaktor und der steigenden Lebensqualität stehen beim Urban Gardening auch soziale Aspekte wie die Förderung der Gemeinschaft und die Interaktion unterschiedlicher Kulturen in den Städten und Stadtteilen im Fokus. Überall auf der ganzen Welt kommen Menschen in zahlreichen Gemeinschaftsprojekten zusammen, um gemeinschaftlich Gemüse anzubauen, zu ernten, zu verwerten sowie voneinander und miteinander zu lernen – nicht selten finden in Nachbarschafts- und Stadtteilgärten regelmäßig gemeinsame Essen statt, um den lebendigen Austausch zu unterstützen und die Früchte der eigenen Arbeit zu genießen.

Guerilla Gardening
Illegaler politischer Protest
und ziviler Ungehorsam

Urban Gardening
Anbau für den Eigenbedarf

Urban Farming
Kommerzieller Anbau von
Obst und Gemüse in Städten,
Förderung der Gemeinschaft
und Integration

Eigener Garten

Balkongärten

Schrebergärten

Imkern

Market Gardening

Kleintierhaltung

Community-
Gärten

Gemeinschafts-
gärten

Nachbarschafts-
gärten

POLITISCHER PROTEST UND ZIVILER UNGEHORSAM: GUERILLA GARDENING

Was mit Samenbomben, Moosmilch und anderen Techniken – aber oft ohne Genehmigung – begann, hat sich von einer Protestbewegung zu einer Form des urbanen Gärtnerns und der Landwirtschaft entwickelt.

Beim Guerilla Gardening geht es darum, ungenutzte öffentliche Räume in Städten wie Brachflächen, Straßenränder oder Verkehrsinseln in grüne Oasen zu verwandeln. Die Pflanzen und Blumen sollen das Stadtbild verschönern, den öffentlichen Raum attraktiver gestalten und auf den Wert von Grünflächen aufmerksam machen. Gleichzeitig entstehen Lebensräume für Insekten, und die Luftqualität in den Städten verbessert sich. Dabei wird die Begrünung der Flächen in der Regel ohne Genehmigung durchgeführt.

ÜBER DEN GROSSEN TEICH

Die Bewegung entstand ursprünglich als Mittel politischen Protests und Ausdruck zivilen Ungehorsams. Erste Ansätze gab es bereits in den 1970er Jahren in New York City und in Deutschland, als zahlreiche Künstler mit ihren Werken auf die Gefährdung der Umwelt durch die Ausbeutung natürlicher Ressourcen und die Zerstörung der Natur durch die fortschreitende Industrialisierung aufmerksam machten. Noch heute erinnern „7000 Eichen", die verteilt über 7000 Standorte in der Stadt Kassel gepflanzt wurden, an Joseph Beuys' gleichnamiges Werk.

Ausgehend von Großbritannien hat die Bewegung insbesondere die Metropolen Europas und der westlichen Welt erobert. Mit ihrem „kleinen Krieg" lehnten sich ihre Anhänger gegen den Verlust von Grünflächen in den Städten und die Vernachlässigung des öffentlichen Raums auf. Um auf den Hunger in der Welt aufmerksam zu machen, pflanzten Aktivisten beispielsweise Reis und Getreide in öffentlichen Grünanlagen. Oder sie säten Blumen in Form des Friedenssymbols aus. Um ihre Botschaft auch in schwer zugänglichem Gelände zu verbreiten, entstand die Samenbombe: Die aus Erde und Ton geformte und getrocknete Kugel enthält Pflanzensamen, wobei die trockene Erde die Samen vor Vögeln und Nagern schützt. Bei Regen saugt sich die Kugel

dann mit Wasser voll und quillt auf. Die Samen beginnen zu keimen, durchbrechen die Kugel und wachsen am Boden an.

Neben den Saatbomben kommt beim Guerilla Gardening häufig Moosmilch zum Einsatz, um die Botschaft zu verbreiten. Das Gemisch aus Buttermilch und Moos wird einfach auf Wände gespritzt, um diese im besten Fall zu begrünen. Es eignet sich aber auch gut dazu, um Wände zu beschriften.

ILLEGALE STADTBEGRÜNUNG

Obwohl Guerilla-Gärtner mit ihren Aktionen ihrem Selbstverständnis nach einen guten Zweck verfolgen, ist die Bewegung nicht unumstritten. Rein rechtlich betrachtet ist Guerilla Gardening illegal. Wer in Deutschland öffentliche Flächen bepflanzen will, braucht eine Genehmigung. Wer hingegen ohne Genehmigung pflanzt, weil es die Nerven so schön kitzelt, macht sich der Sachbeschädigung schuldig. Häufig begrüßen die Behörden die Initiative zur Stadtverschönerung allerdings und drücken daher in der Regel ein Auge zu. Guerilla Garding wird als Kavaliersdelikt betrachtet: Solange es niemandem

„Guerilla Gardening hat sich von einer Protestbewegung zu legalen Formen des urbanen Gärtnerns entwickelt."

schadet, werden Guerilla Gardener meist nicht rechtlich belangt. Allerdings müssen Aktivisten damit leben, dass ihr Werk nicht von Dauer ist. Nicht selten werden die Pflanzen von den Behörden wieder entfernt oder sie fallen spielenden Kindern bzw. urinierenden Hunden zum Opfer.

EINHEIMISCHE ARTEN VERWENDEN!

Trotz bester Absichten kann Guerilla Gardening Schäden verursachen – und das absurderweise in der Natur. Wer bei seinen Aktionen exotische Blumen oder Kräuter pflanzt, trägt dazu bei, dass heimische Arten verdrängt werden. Zwar verwandeln die Exoten triste Räume in grüne, blühende Oasen, nehmen jedoch gleichzeitig Schmetterlingen, Bienen und anderen Insekten ihre zum Leben notwendigen Nahrungsquellen.

Und obwohl ihr Anblick nicht schön ist, sind auch brachliegende Flächen ein wichtiger Bestandteil der Natur. So brauchen beispielsweise einige Vogelarten die freien Flächen zum Brüten oder Eidechsen die warmen, steinigen Mauern, um ihr Bad in der Sonne zu genießen.

Zu den Flächen, die Garten-Aktivisten echtes Potenzial bieten, zählen die Baumscheiben. Es gibt sie in jeder Großstadt: die vernachlässigten Flächen rund um die Straßenbäume. Obwohl die Straßenbäume wichtige Funktionen erfüllen, wird wenig getan, um ihnen das Leben zu erleichtern. Gesunde

Botschaften aus Moosmilch sind zwar nicht von Dauer, erregen dafür aber umso mehr Aufmerksamkeit.

REVOLUZZER AUFGEPASST!

Die Bepflanzung der Baumscheiben ist illegal. Wer beim Guerilla Gardening auf den Nervenkitzel aus ist, legt einfach los. Alle anderen wenden sich vor der Bepflanzung an das zuständige Naturschutz- und Grünflächenamt.

den. Die Blumen spenden Schatten, verhindern, dass der Boden durch Wind und Sonne zu sehr austrocknet und bieten gleichzeitig Lebensraum für Insekten, Vögel und kleine Säugetiere. Ist das geschafft, fördert regelmäßiges Gießen die Vitalität und das Wachstum der Bäume und verbessert so ihre Fotosyntheseleistung. Ein kleiner Zaun schützt die Bäume zudem vor Rindenverletzungen, pinkelnden Hunden und unachtsamen Passanten.

VOM AKTIVISTEN ZUM LANDWIRT

Mittlerweile hat sich Guerilla Gardening von einer Protestbewegung zum urbanen Gärtnern oder zur urbanen Landwirtschaft weiterentwickelt. Aus den früheren Aktivisten sind Gärtner und Landwirte geworden. Neben Einzelkämpfern und kleinen Gruppen gibt es heute auch immer mehr Organisationen und Initiativen, die sich auf Guerilla Gardening spezialisiert haben. Sie stellen Schulungen und Ressourcen zur Verfügung, um die Bewegung zu unterstützen und das Bewusstsein der Menschen für den Wert von Grünflächen in städtischen Gebieten zu erhöhen.

Guerilla-Gärten haben sich zu sozialen Gemeinschaftsgärten verwandelt. In Hamburg gibt es zahlreiche gute Beispiele wie die Initiative FuhlsGarden in Barmbek, Green Pauli oder das KulturEnergieBunkerAltonaProjekt, kurz KEBAP, sowie zahlreiche weitere Projekte in den Stadtteilen, die darauf warten, entdeckt zu werden.

Bäume filtern Feinstaub und verbessern durch Verdunstung und Sauerstoffproduktion die belastete Großstadtluft. Dazu brauchen sie aber ausreichend Raum zum Wurzeln und unverdichtete Böden, um genug Wasser und Nährstoffe aufnehmen zu können. Nicht selten machen Guerilla Gardener die Baumscheiben vor ihren Wohnhäusern oder vor ihren Geschäften zu ihrem Projekt, um das gesunde Wachstum der Bäume zu fördern. Mit der Bepflanzung der Baumscheiben leisten sie einen wichtigen Beitrag.

In einem ersten Schritt wird der Boden aufgelockert, um die Wasser- und Nähstoffaufnahme durch eine bessere Bodenbelüftung zu fördern. Erst dann geht es ans Pflanzen. Damit sich die Baumwurzeln und die Blumen nicht in die Quere kommen, wird um den Stamm herum ausreichend Platz gelassen. Als Bepflanzung eignen sich heimische Frühjahrs-, Sommer- oder Herbstblumen sowie flachwurzelnde Stau-

NEW YORKER COMMUNITY-GÄRTEN: DIE WURZELN DES URBANEN GARTENBAUS

*In den frühen 1970er Jahren entstanden in New York City
die ersten Community-Gärten.*

Nach dem Tod von Liz Christy im Jahr 1985 wurde der Garten zu Ehren seiner Gründerin umbenannt.

Groß ist die Sehnsucht. Die Sehnsucht nach Natur und Grün in der Großstadt. Die Sehnsucht, der Anonymität zu entfliehen und an einem Ort zusammenkommen, an dem sich Menschen mit unterschiedlichen sozialen Hintergründen treffen und austauschen, sich gegenseitig unterstützen. Groß ist auch der Wunsch, sich wieder bewusster zu ernähren. Zu wissen, wo die Lebensmittel herkommen, oder sie selber zu produzieren. Sich in der Stadt unabhängiger von der industriellen Landwirtschaft zu machen und gleichzeitig der Umwelt etwas Gutes zu tun, Lebensraum für Insekten, Vögel und andere Tiere zu schaffen.

URSPRUNG: NEW YORK CITY

Das Bestreben, Städte und das eigene Leben nachhaltiger zu gestalten, ist nicht neu. Bereits in den 1970er Jahren entstanden auf der Lower Eastside von Manhattan zahlreiche Community-Gärten. Als Reaktion auf die Vernachlässigung und Verwahrlosung von Stadtvierteln, die von Armut und Kriminalität geprägt waren, räumten die Bewohnerinnen und Bewohner leerstehende Grundstücke auf. Statt brachliegenden Grund und Boden weiter verkommen zu lassen, schufen sie Grünflächen und blühende Gärten, die von den Anwohnerinnen und Anwohnern genutzt werden konnten, um Gemüse und Obst anzubauen und eine lebendige Nachbarschaft zu schaffen.

Liz Christy und die Green Guerillas experimentierten mit Pflanzen unterschiedlicher Herkunft.

„1973 entstand mit dem Bowery-Houston Community Farm and Garden der erste und älteste Gemeinschaftsgarten in New York City."

1973 formierte sich im East Village die Community-Gruppe Green Guerillas. Die Mitglieder warfen Samenbomben über Bauzäune auf leerstehende Grundstücke, um Blumen und Bäume zu pflanzen. Die Gründerin der Gruppe Liz Christy sicherte sich bei der Stadt New York gegen eine Pacht von einem US-Dollar pro Monat ein Stück Land, auf dem 1974 der erste offizielle Community-Garten New Yorks entstand. Der ursprüngliche Name, „Bowery-Houston Community Farm and Garden", wurde 1985 zu Ehren der verstorbenen Gründerin in Liz Christy Bowery Houston Garden geändert.

VOM EXPERIMENT ZUM STÄDTISCHEN GEMEINSCHAFTSGARTEN

Die Green Guerillas nutzten die Fläche, um herauszufinden, welche nicht-heimischen Arten im New Yorker Stadtklima angebaut werden konnten. Geglückte „Experimente" wurden an andere Community-Gärten, Baumschulen, professionelle Gartenbauer und lokale Gartenbetriebe in der ganzen Stadt verteilt. Heute kümmern sich über zwanzig freiwillige Gärtnerinnen und Gärtner um die Gestaltung und Pflege, damit die Bevölkerung während der Öffnungszeiten den Garten mit seinen Wildblumen, Hunderten Sorten von blühenden Stauden, Obstbäumen, Beeren, Kräutern und Gemüsegärten inmitten der Metropole erleben und nutzen kann.

BACK TO NATURE: DIE ZUKUNFT DES URBAN GARDENING

Urban Gardening ist eine Antwort auf gärtnerische, stadt-gestalterische, künstlerische, soziale, wirtschaftliche und ernährungspolitische Fragen.

Was auf der Lower East Side Manhattans begann, hat sich mittlerweile auf der ganzen Welt verbreitet. Urbanes Gärtnern hat in vielen verschiedenen Formen und Ausprägungen Einzug in unser Leben gefunden. Die einen suchen ganz für sich die Verbindung zur Natur im heimischen Garten oder auf dem Balkon und versorgen sich selbst mit frischem Obst, Gemüse und Kräutern aus eigenem Anbau, um sich gesünder zu ernähren. Andere entfliehen in interkulturellen Community-Gärten der Anonymität der Großstadt. Beim gemeinsamen Gärtnern, Zubereiten und Genießen der eigenen Ernte werden soziale und kulturelle Grenzen überwunden, entstehen ein Gefühl der Zugehörigkeit und Freundschaften.

PROJEKTE, DIE EINEN BLICK IN DIE ZUKUNFT ERLAUBEN

Zahlreiche Organisationen und Initiativen machen mit Projekten und ökologischen Gemeinschaftsgärten auf die wachsende Bedeutung von Urban Gardening aufmerksam: Der Anbau von Lebensmitteln in der Stadt gewinnt aufgrund steigender Bevölkerungszahlen und zunehmender Urbanisierung immer stärker an Bedeutung. Unabhängigkeit von der Lebensmittelproduktion, der Konsum regionaler Produkte und die Vermeidung von Transportemissionen stehen ganz oben auf der Agenda. Ebenso die Motivation, der Stadtbevölkerung Herkunft und Entstehung pflanzli-

cher Produkte bewusster zu machen. Bereits im Kindesalter werden die Kleinsten inzwischen in Schulgärten an die Nutzung kleiner Flächen für den Anbau von Obst, Gemüse und Kräutern herangeführt.

CITYFARMING FÖRDERT DIE REGIONALE LEBENSMITTELVERSORGUNG

Der urbane Gartenbau ist aber nicht nur bei den Konsumenten, sondern in Form des Urban Farmings auch bei den Produzenten angekommen. Immer mehr landwirtschaftliche Betriebe legen Wert auf eine nachhaltige Lebensmittelproduktion. Cityfarming fördert die regionale und saisonale Lebensmittel-

erzeugung in städtischen Gebieten, verbessert die Sicherheit der Lebensmittelversorgung, reduziert durch kurze Transportwege CO_2-Emissionen und verbraucht weniger Wasser.

In vielen Metropolen wird mittlerweile städtische Landwirtschaft betrieben, um die lokale Lebensmittelproduktion zu fördern und nachhaltige landwirtschaftliche Praktiken zu unterstützen. Viele Projekte setzen dabei auf Rooftop Farming. Zu den bekanntesten Beispielen zählen „Nature Urbaine" in Paris, „Brooklyn Grange" in New York City oder „Rooftop Republic" in Hongkong. Andere wie „Sky Greens" in Singapur setzen auf eine vertikale Anbauweise, um den begrenzten Platz optimal zu nutzen. ➡

SMART FARMING: DATENANALYSE STEIGERT DEN ERTRAG

In London entstand mit „Growing Underground" die erste unterirdische Farm der Welt. 33 Meter unter der Londoner Clapham High Street wird in stillgelegten U-Bahn-Tunneln CO_2-freie Nahrung angebaut. Die Ernte wird auf dem New Covent Garden Market verkauft, der gut anderthalb Kilometer entfernt ist. Die Pflanzen wachsen auf beiden Seiten des 2,5 Meter hohen Tunnels hydroponisch – also ohne Boden – auf Wollteppichresten. LED-Leuchten liefern kostengünstiges Licht für die Fotosynthese und sorgen gleichzeitig für eine konstante Temperatur von etwa 22 °C. Für die Bewässerung wurden unterirdische Tanks angelegt. Insgesamt verbraucht das Hydrokultursystem siebzig Prozent weniger Wasser als herkömmliche landwirtschaftliche Anbaumethoden.

Der Clou: In Zusammenarbeit mit der Universität Cambridge werden Daten über Nährstoffe, Wasser, Licht, Wärme, CO_2, Luftstrom und Feuchtigkeit erfasst, um die Bedingungen für die Pflanzen so zu optimieren, dass sie hinsichtlich ihres Geschmack und des Nährstoffgehalts bei minimaler Ressourcenverschwendung den besten Ertrag erzielen.

ARTENVIELFALT ERHALTEN UND DAS STADTKLIMA VERBESSERN

Der urbane Gartenbau rückt auch als wesentliche Säule im Kampf gegen die Auswirkungen des Klimawandels in den Mittelpunkt. Zum einen bieten Grünflächen Lebensraum für verschiedene Pflanzen- und Tierarten und tragen auf diese Weise dazu bei, die biologische Vielfalt zu erhalten und gefährdete Spezies in städtischen Gebieten zu schützen. Sie bieten Nahrung und Unterschlupf für Vögel, Insekten und andere Tiere und fördern das ökologische Gleichgewicht. Gleichzeitig haben sie einen positiven Einfluss auf das Mikroklima: Sie dienen der Verwertung organischer Abfälle, reichern die Luft mit Feuchtigkeit an und fangen Regenwasser auf, das sonst ungenutzt in die Kanalisation fließen würde. Sie können das Stadtklima positiv beeinflussen und extreme Temperaturen ausgleichen, indem sie Schatten spenden und Verdunstungseffekte erzeugen.

URBAN GARDENING, BAUBOTANIK UND GANZHEITLICHE BAUKONZEPTE

Entsprechend spielt die Begrünung von Flächen in Städten auch eine immer größere Rolle in der Stadt-

„Growing Underground": Im Herzen Londons ist die erste unterirdische, nachhaltige und energieeffiziente Farm entstanden.

Mit dem aus Holz gefertigten „Wälderhaus" ist auf der Elbinsel Wilhelmsburg ein ökologisch und nachhaltig ausgerichtetes Hotel entstanden.

planung und Stadtentwicklung. Grünflächen tragen nicht nur zur Verschönerung der Städte bei: Jeder noch so kleine Garten leistet einen positiven Beitrag zur Erhaltung der Umwelt. Urban Gardening in Form von Dach- oder Fassadenbegrünung ist mittlerweile von Beginn an fester Bestandteil bei Neubauten. Diese Maßnahme allein wird allerdings kaum ausreichen, um die enorme Klimabelastung zu kompensieren.

Eine moderne und klimafreundliche Stadtentwicklung muss Gebäude und ganze Stadtquartiere von Beginn an als grüne Stadtoasen ganzheitlich planen und realisieren und dabei das gesamte Bau- und Materialkonzept umfassen. Obwohl die Zementproduktion weltweit für acht Prozent der Treibhausgasemissionen verantwortlich ist, werden die meisten Gebäude nach wie vor aus Stahl und Beton statt aus dem klimaneutralen Rohstoff Holz gebaut. Gleichzeitig sind neue Disziplinen wie die Baubotanik gefragt. Bei dieser ökologischen Baumethode werden lebende Pflanzen als integraler Bestandteil von Gebäuden

„Moderne und klimafreundliche Stadtentwicklung betrachtet das gesamte Bau- und Materialkonzept."

eingesetzt, um nachhaltige, umweltfreundliche Lösungen zu schaffen. Beispiele für die Baubotanik sind grüne Fassaden oder vertikale Gärten, bei denen Pflanzen in speziellen Behältern wachsen oder direkt an der Gebäudefassade verankert sind und zahlreiche Vorteile wie die Schallisolierung oder Wärmedämmung bieten. ➡

FOREST CITY: FUTURISTISCHE STADTENTWICKLUNG

Der italienische Architekt Stefano Boeri hat in Mailand ein bewaldetes Hochhaus erschaffen und gilt mit seinem Pilotprojekt „Bosco Verticale" – dem vertikalen Wald – als Vordenker der sogenannten Urban Forestry. Der vertikale Wald soll die Luft reinigen, die CO_2-Emissionen senken, Lärm puffern, die Umgebung abkühlen und die Biodiversität im urbanen Raum steigern. Nach diesem Konzept entstand in China mit Liuzhou in der bergigen Provinz Guangxi die erste Forest City der Welt. Auf einer Fläche von 175 Hektar finden rund 30 000 Einwohner Platz. Alle Gebäude der Stadt wie Büros, Häuser, Hotels, Krankenhäuser und Schulen werden vollständig von Pflanzen und Bäumen bedeckt: Sie fügen sich in die Umgebung ein, die Grenze zwischen Natur und Bebauung verschwimmt. Hitzeinseln, Luftverschmutzung und CO_2-Emissionen soll es in der Forest City nicht geben, da durch die Bepflanzung der horizontalen und vertikalen Flächen mit 40 000 Bäumen und einer Million Pflanzen praktisch keine Flächen versiegelt wurden. Sollte sich dieses Konzept in der Praxis bewähren, hätte Boeri eine mögliche Lösung für die Herausforderung des Klimawandels gefunden.

> „Urban Gardening ist in der Gesellschaft angekommen und wird sich auch in der Zukunft weiterentwickeln."

URBANES PFLANZEN- UND FREIRAUM-MANAGEMENT

All diese Konzepte und Ideen zeigen, dass sich Urban Gardening aus der alternativen Ecke heraus längst in der breiten Gesellschaft etabliert hat und sich auch zukünftig weiterentwickeln wird. Damit sich urbanes Gärtnern skalieren lässt und breiten Anklang findet, wird bereits an den Schulen und Universitäten der Samen gepflanzt: So vermittelt beispielsweise der Studiengang „Urbanes Pflanzen- und Freiraummanagement" der Berliner Hochschule für Technik ein klares Verständnis der komplexen Zusammenhänge zwischen städtischer Umwelt, Grünflächen und menschlichem Wohlbefinden, das erforderlich ist, um neue Konzepte für die nachhaltige Gestaltung städtischer Grünflächen und die Förderung des ökologischen Gleichgewichts in urbanen Räumen zu entwickeln.

Ein zentraler Schwerpunkt des Studiengangs liegt auf dem Verständnis der ökologischen Prozesse in städtischen Lebensräumen. Studierende lernen, wie sie städtische Grünflächen planen, gestalten und verwalten können, um ökologische Funktionen wie den Klimaschutz, den Erhalt der Biodiversität und die Verbesserung der Luft- und Wasserqualität zu fördern.

Der Studiengang vermittelt auch Kenntnisse darüber, welche Rolle Pflanzen dabei spielen, eine nachhaltige Umgebung zu schaffen, und welche Pflanzenarten sich für unterschiedliche Standorte in der Stadt eignen. Dabei werden Aspekte wie die Anpassungsfähigkeit der Pflanzen an städtische Bedingungen, ihre ökologische Bedeutung und ihre ästhetischen Eigenschaften berücksichtigt, um zu lernen, wie Pflanzen effektiv in die städtische Infrastruktur integriert werden können – sei es durch grüne Dächer, vertikale Gärten, Begrünung von Fassaden oder das Anlegen von urbanen Parks und Gärten.

Abgerundet wird das Wissen mit dem Management städtischer Grünflächen: Hier geht es um die Pflege und Instandhaltung von Pflanzen, den effizienten Einsatz von Ressourcen wie Wasser und Energie sowie die neuesten Technologien und Ansätze, um das Pflanzen- und Freiraummanagement in städtischen Gebieten auch zukünftig weiter zu optimieren.

Das „Bosco Verticale" in Mailand gilt als zukunftsfähiges Paradebeispiel für nachhaltigen und grünen Wohnungsbau in urbanen Räumen.

URBAN GARDENING

URBAN GARDENING HAT VIELE GESICHTER

Der Wunsch nach frischem Obst und Gemüse aus dem eigenen Garten ist groß. Dank der vielfältigen Möglichkeiten des urbanen Gärtnerns können immer mehr Menschen, die in großen Städten leben, ihrem grünen Daumen freies Spiel lassen.

Schrebergarten oder Balkon? Urban Gardening hat viele Gesichter.

Ob auf dem Balkon, im Schrebergarten oder in Gemeinschaftsgärten: Urban Gardening hat viele Gesichter, die alle die Leidenschaft für Pflanzen, Natur, artgerechte Tierhaltung und frische Ernten gemeinsam haben. In einer Zeit, in der Nachhaltigkeit und Umweltschutz immer wichtiger werden, bieten städtische Gärten nicht nur die Möglichkeit zur Selbstversorgung, sondern tragen auch zur Stärkung der Gemeinschaft und zur Förderung einer grüneren, gesünderen Stadt bei.

Dabei weiß Urban Gardening sich auch moderne Technologien zunutze zu machen. Hydroponik und Aquaponik sind Methoden, bei denen Pflanzen in Wasser oder speziellen Nährstofflösungen ohne Erde angebaut werden. Diese Techniken ermöglichen den Anbau von frischem Gemüse in geschlossenen Räumen wie Wohnungen oder Büros. Automatische Bewässerungssysteme und intelligente Sensoren erleichtern die Pflege der Pflanzen und tragen dazu bei, in Städten erfolgreich gärtnern können.

400 QUADRATMETER GARTENGLÜCK: SCHREBER-GÄRTEN IN HAMBURG

Die Tradition der Schrebergärten geht auf das 19. Jahrhundert zurück und bietet Stadtbewohnerinnen und -bewohnern einen grünen Rückzugsort für Erholung, Gartenarbeit und Gemeinschaft.

Eine Etagenwohnung mit einem Balkon, auf den gerade mal ein Blumenkasten passt. Für Tisch und Stuhl, um es sich im Freien gemütlich zu machen, geschweige denn um Kräuter, Gemüse oder Obst anzubauen, ist häufig kein Platz. Ein Szenario, das für viele Hamburgerinnen und Hamburger Lebensrealität ist. Entsprechend groß ist bei Stadtmenschen der Wunsch nach einem eigenen kleinen Garten. Die Lösung für Großstädterinnen und Großstädter, die den Sommer in Ruhe genießen oder ihren eigenen Gemüsegarten anlegen wollen, ist der Schrebergarten.

DIE GESCHICHTE DER SCHREBERGÄRTEN

Der Grundgedanke dazu stammt aus dem 19. Jahrhundert von Daniel Gottlob Moritz Schreber, einem deutschen Arzt und Gärtner, dem die Kleingärten auch ihren Namen verdanken. Die eigentliche Idee Schrebers war es, ein diätetisch-orthopädisches Konzept zu entwickeln, um eine Beschäftigungsmöglichkeit für Kinder zu schaffen, die gleichzeitig durch „körperliche Ertüchtigung" die Gesundheit fördert.

KLEINGARTENVEREINE IN HAMBURG

In Hamburg entstanden die ersten Schrebergärten in Hamburg in den 1890er Jahren. Laut dem Landesbund der Gartenfreunde in Hamburg (LGH) e. V., einer gemeinnützigen Organisation für das Kleingartenwesen, gibt es heute über 311 Kleingartenvereine, die über 33 000 Parzellen auf einer Fläche von 1400 Hektar in ganz Hamburg verteilt sind und von neun Bezirksgruppen verwaltet werden.
Bezirksgruppen des Landesbundes der Gartenfreunde in Hamburg e. V.:

- Altona
- Eimsbüttel
- Hamburg-Nord
- Bramfeld/Alstertal
- Wandsbek
- Hamburg-Mitte
- Bergedorf
- Wilhelmsburg
- Harburg

Daraus entstanden sind Anlagen mit Kleingärten, die Stadtbevölkerung zur Erholung sowie für Freizeitaktivitäten und Feierlichkeiten im Grünen nutzen.

Zwischen Hamm und Rothenburgsort liegt die Billerhuder Insel, Heimat der Gartenkolonie Billerhude von 1921.

Schrebergärten sind ein wichtiger Bestandteil des kulturellen Erbes der Stadt, bieten einen Rückzugsort aus dem hektischen Stadtleben und ermöglichen es den Menschen, in direktem Kontakt mit der Natur zu sein. Die Flächen werden genutzt, um Beetc für Zierpflanzen und Gemüse anzulegen oder Obststräucher und -bäume zu pflanzen. Gleichzeitig stehen die Gemeinschaft und der Zusammenhalt der Vereinsmitglieder im Vordergrund. Sie gelten als Spiegelbild der Gesellschaft, in der Menschen unabhängig von Alter, Bildung, Geschlecht, Herkunft, Hautfarbe oder Familienstand zusammenkommen.

BUNDESKLEINGARTENGESETZ UND SATZUNGEN

Schrebergärten sind der Idee nach ein großartiges Konzept, das niemanden ausschließt und dabei den Gemüseanbau für den Eigenverzehr fördert. Trotzdem galten sie insbesondere bei jüngeren Menschen lange Zeit als spießig und waren verpönt.

Zum einen wäre da das Bundeskleingartengesetz (BKleingG), das die Beschaffenheit und Nutzung von Schrebergärten in Deutschland regelt. Per Definition ist der Kleingarten ein Garten, der zusammen mit anderen Kleingärten sowie gemeinschaftlichen Einrichtungen wie einem Vereinshaus, Spielflächen und Wegen zu einer Kleingartenanlage gehört. Dabei darf der einzelne Garten nicht größer als 400 Quadratmeter, ein Gartenhaus oder ein Geräteschuppen, die sich auf der Parzelle befinden, nicht größer als 24 Quadratmeter sein – ein Haus zu bauen, das mehr Platz einnimmt, ist verboten. Ebenfalls verboten ist es, eine Laube und einen Geräteschuppen zu bauen. Kleingärtnerinnen und Kleingärtner müssen sich für eins von beiden entscheiden. Für den Bau eines

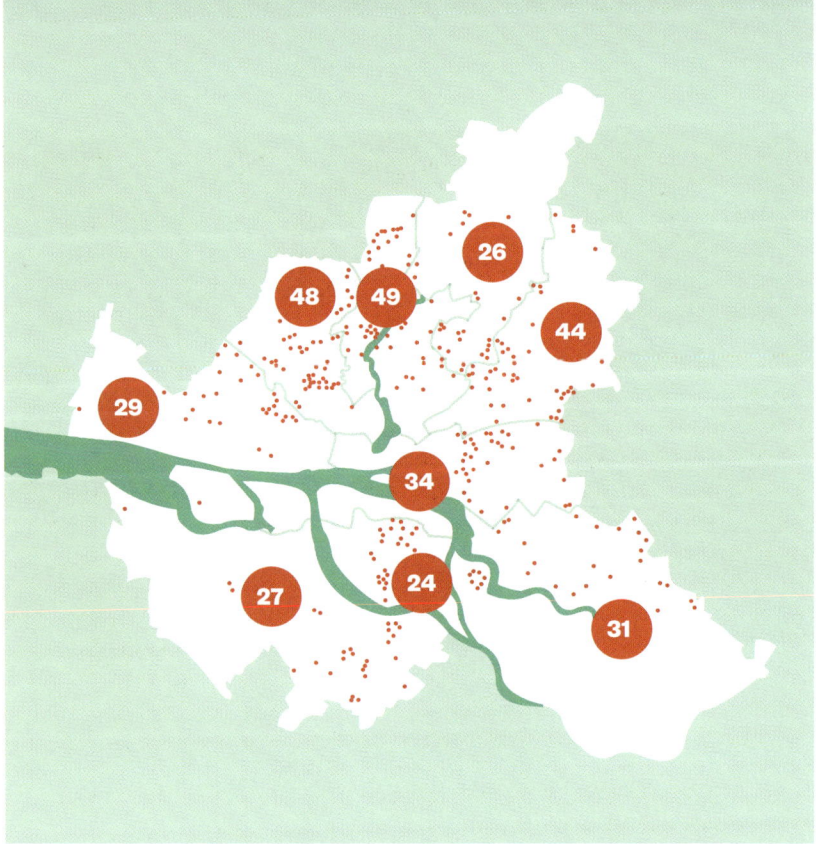

Hamburgs Bezirke zählen insgesamt über 300 Kleingartenvereine.

Gartenhäuschens gelten darüber hinaus weitere Vorschriften. Ab und zu in der Laube zu übernachten ist in Ordnung, die Art der Beschaffenheit und die Ausstattung des Gartenhäuschens dürfen aber nicht zum dauerhaften Wohnen einladen. Reglementiert ist übrigens auch die Höhe der Hecke.

Wer seine Parzelle nicht nur zur Erholung, sondern auch für den Anbau von Obst und Gemüse nutzt, muss bei der Bewirtschaftung seines Gartens den Schutz der Umwelt und der Natur im Blick behalten. Das bedeutet, möglichst heimische Pflanzen anzubauen, bei Düngung und Pflanzenschutz auf Chemie zu verzichten oder auch Regenwasser für die Bewässerung zu nutzen. Zudem darf der Gemüseanbau ausschließlich dem Eigenbedarf dienen. Wer also seinen Schrebergarten nutzt, um mit den Erzeugnissen gewerblichen Handel auf einem von Hamburgs Wochenmärkten zu treiben, verstößt gegen geltendes Recht.

Diese Reglementierungen klingen im ersten Moment streng und einschränkend. Schaut man genauer hin, unterstützen sie aber eigentlich den Gemeinschaftszweck: Der Schwerpunkt der Schrebergärten soll auf der Grünfläche und nicht auf den Gebäuden liegen. Zudem sollen sich alle Besucherinnen an dem Anblick der Gärten erfreuen können – mit einer zu hohen Hecke bliebe die Sicht versperrt. Ein weiterer wichtiger Aspekt dieser gesetzlichen Regelungen ist finanzieller Natur: Schrebergärten werden verpachtet. Wechselt der Pächter, zahlt der neue in der Regel eine Ablösesumme für eine Laube oder einen Geräteschuppen und die Bepflanzung. Je aufwendiger und teurer die Bauten, desto unerschwinglicher wird die Parzelle für Geringverdienende. Diese Benachteiligung soll auf jeden Fall vermieden werden.

Neben den gesetzlichen Bestimmungen erwarten Kleingärtner in der Satzung, die die Bezirksgruppen oder die einzelnen Vereine individuell gestalten, weitere Regeln und Verpflichtungen. Die Klassiker: Ruhestörungen vermeiden, für den gepflegten Zustand von Gartenhaus und Garten sorgen, die Grenzen der benachbarten Parzellen respektieren, Müll vermeiden, Regeln zur Wasserversorgung beachten und sich in die Gemeinschaft einbringen – sei es mit einem Salat für ein gemeinsames Grillfest oder durch Unterstützung bei der Instandhaltung des Vereinshauses oder der öffentlichen Wege.

DIE SUCHE NACH EINEM FREIEN SCHREBERGARTEN

Wer sich von den Reglementierungen nicht abschrecken lässt und Teil der Schrebergartengemeinschaft werden möchte, kann sich online oder offline auf die Suche nach einer freien Parzelle machen. Der Landesbund der Gartenfreunde in Hamburg e. V. bietet beispielsweise eine Übersicht der verfügbaren Schrebergärten in der Stadt an. Wer eine geeignete Parzelle gefunden hat, muss zunächst als Mitglied im Kleingartenverein aufgenommen werden, denn die Gärten werden über eine Warteliste nur an Mitglieder verpachtet. Das Antragsformular gibt es direkt vor Ort beim jeweiligen Verein oder online auf der Website des Vereins. Und dann heißt es vermutlich erst einmal warten: Die Schrebergärten sind heiß begehrt, die Nachfrage häufig größer als das Angebot. Die durchschnittliche Pachtdauer der Schrebergärten liegt in Hamburg bei etwa zwanzig Jahren.

Die Vergabeprozesse für Schrebergärten in Hamburg können von Verein zu Verein variieren. Es empfiehlt sich daher, direkt bei den betreffenden Gartenvereinen nachzufragen und sich Informationen über die Anforderungen an den Bewerbungsprozess zu verschaffen.

WAS KOSTET EIN SCHREBERGARTEN?

Neben Geduld müssen Anwärterinnen auf einen Schrebergarten ein entsprechendes Budget mitbringen. Außer der einmaligen Aufnahmegebühr und dem meist jährlich erhobenen Mitgliedsbeitrag sowie der einmaligen Ablösesumme für die Laube oder einen Geräteschuppen sind laufende Kosten fällig für

- den jährlichen Pachtzins
- Nebenkosten für Wasser, Strom, Müllentsorgung
- Wegereinigungsgebühren
- Grundsteuer
- Pflichtversicherungen gegen Feuer und Einbruch für die Laube sowie den Inhalt der Laube

Die Höhe des jährlichen Pachtzinses hängt von der Quadratmeterzahl der Fläche sowie der Lage des Schrebergartens ab. Der Landesbund der Gartenfreunde Hamburg nennt als groben Richtwert laufende Kosten in Höhe von 250 bis 300 Euro pro Jahr.

BALKONGÄRTEN: URBANES GÄRTNERN AUF KLEINSTEM RAUM

Obst und Gemüse im Freiland anzubauen ist natürlich ein Traum. Allerdings ist Platz in der Stadt bekanntermaßen Mangelware. Hier bieten Balkongärten eine gute Alternative, um sich mit ein bisschen Planung, geeigneten Pflanzen und Pflanzgefäßen sowie guter Pflege ein eigenes kleines Gartenparadies in urbanen Räumen zu schaffen.

Vom Balkongarten direkt auf den Tisch:
Heimische und mediterrane Kräuter geben
der Küche die richtige Würze.

Der eigene Balkon bedeutet für viele Städterinnen und Städter ein kleines Stück Freiheit. Hier genießen sie die Sonne, machen es sich an der frischen Luft mit einem Buch und einer Tasse Kaffee oder einem Glas Wein gemütlich. Mit viel Liebe und bunten Blumen gestaltete Balkongärten sind kleine Oasen zum Entspannen. Balkongärten können aber noch viel mehr. Sie reinigen die Luft und bieten Insekten wertvollen Lebensraum. Und sie sind eine hervorragende Möglichkeit, eigenes frisches Obst, Gemüse oder Kräuter anzubauen, zu ernten und sich gesünder zu ernähren. Gleichzeitig hilft Gärtnern vielen Menschen dabei, Stress abzubauen: Gärtnern wirkt oft beruhigend und sorgt für Entspannung. Balkongärten sind also nicht nur gut für die Umwelt, sondern auch gesund und förderlich fürs Wohlbefinden.

SORGFÄLTIGE PLANUNG

Die Möglichkeiten, einen Balkongarten zu gestalten, sind vielfältig. Auf einem großen Balkon können auch kleine Bäume und Sträucher gepflanzt werden. Vielleicht ist sogar ausreichend Platz für ein Hochbeet oder ein kleines Gewächshaus vorhanden. Wichtig

ist bei der Planung, die Traglast des Balkons und des Geländers zu beachten. Wer einen Balkongarten in einer Mietwohnung anlegt, muss zudem darauf achten, dass das Mauerwerk keinen Schaden nimmt. Sind beispielsweise Bohrungen für Aufhängungen erforderlich, sollte unbedingt mit dem Vermieter Rücksprache gehalten werden. Besonderes Augenmerk gilt auch den Nachbarn: Diese sollten nicht durch herabhängende Zweige oder tropfendes Gießwasser belästigt werden.

Als Pflanzgefäße bieten sich Balkonkästen, Töpfe oder Kübel an. Die richtige Auswahl hängt dabei von verschiedenen Faktoren ab. Kleine Töpfe lassen sich flexibel mal hier, mal dort aufstellen. Je größer und schwerer das Pflanzgefäß, desto schwieriger lassen sie sich verschieben. Die klassischen Terrakottatöpfe oder andere Steintöpfe gibt es in zahlreichen Größen und Farben. Durch ein Loch im Boden eignen sie sich hervorragend dazu, Staunässe zu vermeiden. Passend dazu gibt's die Untersetzer, um überschüssiges Gießwasser aufzufangen, bevor es bei den Nachbarn landet. Alternativ werden die Pflanzen in ihrem Plastiktopf in einen Übertopf gesetzt. Ganz besonderer Beliebtheit erfreuen sich

Kreativ und platzsparend:
Vertikale DIY-Bepflanzung
mit Europaletten

Töpfe und Pflanzkästen aus Zink. Passend dazu ist dann auch gleich die Gießkanne.

PLATZ OPTIMAL NUTZEN

Die richtige Wahl ist aber nicht nur Geschmackssache oder eine Platzfrage. Gerade auf kleinen Balkonen sollte der wenige Platz optimal genutzt werden. Hier eignen sich Hängetöpfe, Pflanztreppen oder Rankgitter. Besonders platzsparend ist die vertikale Bepflanzung: Hier bieten sich Pflanztaschen oder auch umfunktionierte Europaletten an.

Einige Gemüsesorten, beispielsweise Wurzelgemüse, wachsen allerdings nach unten. Entsprechend brauchen Sie einen hohen Topf, um gut zu gedeihen. Andere Sorten wachsen dagegen hoch hinaus. Sie brauchen nur einen kleinen Topf oder finden in Balkonkästen Platz, benötigen aber eventuell eine Rankhilfe. Zu klein dürfen die Töpfe übrigens auch nicht sein, denn für einen guten Ertrag benötigt Gemüse ausreichend Raum und Wasser zum Wurzeln.

PERFEKTE AUSBEUTE

Stichwort Ertrag: Im Balkongarten wächst eigentlich alles, was auch in einem Freilandgarten wächst. Der Auswahl der Gemüse sind kaum Grenzen gesetzt. Allerdings ist der Platz oft stark begrenzt. Um den Ertrag auf limitiertem Raum zu optimieren, bieten sich Pflanzen an, die „nachwachsen". Bestes Bei-

CHECKLISTE BALKONGARTEN ANLEGEN

- **Platz optimal nutzen** Mit vertikalen Lösungen wie Hängeampeln, Rankgitter oder Pflanzregalen lassen sich mehr Pflanzen auf dem Balkon unterbringen.
- **Die richtigen Pflanzen** Es sollten Pflanzen ausgewählt werden, die sich für die Lage und das Klima auf dem jeweiligen Balkon eignen.
- **Qualitativ hochwertige Erde** Um das Wachstum der Pflanzen zu fördern, empfiehlt sich die Verwendung torffreier, nährstoffreicher Erde.
- **Ausreichende Bewässerung** Pflanzen in Töpfen und Kästen trocken schnell aus und müssen regelmäßig gegossen werden – nicht zu viel und nicht zu wenig.
- **Windschutz** Pflanzen, die häufig Wind ausgesetzt sind, trocknen schneller aus. Idealerweise werden Pflanzen deshalb an einem geschützten Ort aufgestellt oder mit einem Windschutz abgeschirmt.
- **Regelmäßig düngen** Pflanzen in Töpfen benötigen regelmäßige Düngung, um gesund zu bleiben.
- **Pflanzenpflege** Welke Blätter und Blüten sollten regelmäßig entfernt und die Pflanzen bei Bedarf zurückgeschnitten werden. Besonders zu achten ist auch auf Schädlinge und Krankheiten, die rechtzeitig behandelt werden sollten.

spiel sind hier Salate oder Küchenkräuter: Einmal gepflanzt, können sie nahezu das ganze Jahr über geerntet werden. Und auch Gurken und Zucchini liefern zuverlässig über einen längeren Zeitraum immer wieder Nachschub. Ebenfalls geeignet sind Gemüsesorten, die „schnell" wachsen. Radieschen kann man im Sommer bereits nach drei bis vier Wochen ernten. Sobald sie geerntet sind, wird gleich der nächste Schwung ausgesät.

Hilfestellung, um den begrenzten Platz im Balkongarten über die gesamte Saison optimal auszunutzen, bieten Aussaat- und Pflanzkalender. Sie zeigen, wann welches Gemüse ausgesät, ausgepflanzt und geerntet werden kann. So entsteht ein Plan, der dafür sorgt, dass immer etwas nachwächst. Sind die Sommersorten geerntet, können späte Sorten wie Feldsalat, Knoblauch oder Grünkohl gepflanzt werden.

Mittlerweile bieten zahlreiche Gartencenter oder Baumärkte auch spezielles Saatgut für Balkongemüse an. Diese Sorten werden nicht so groß, sondern wachsen besonders kompakt und sollen so einen höheren Ertrag liefern.

BESONDERE PFLEGE

Damit das Gemüse im Balkongarten gedeihen kann, gibt es beim Pflanzen ein paar Besonderheiten zu beachten. Um für ausreichend Feuchtigkeit zu sorgen und gleichzeitig Staunässe zu vermeiden, werden Töpfe, Kübel und Balkonkästen zunächst mit einer Drainageschicht versehen. Diese Schicht besteht häufig aus Blähton oder Kies. Alternativ eignen sich Tonscherben, die über die Löcher im Topf gelegt werden. Sie vermeiden, dass das Wasser abfließt, bevor die Wurzeln es aufnehmen können. Gleichzeitig wird verhindert, dass die Pflanzerde den Abfluss verstopft. Die verwendete Erde sollte möglichst torffrei und nährstoffreich sein, um die Pflanzen bestmöglich zu versorgen.

Pflanzen im Balkongarten benötigen besondere Pflege. Sie brauchen ausreichend Licht, Wasser und Nährstoffe, Schutz vor Wind und an besonders heißen Tagen auch Schutz vor zu viel Sonne. Viele Balkone sind nach Süden ausgerichtet und mit einem Windschutz versehen. Damit bieten sie schon mal gute Bedingungen. Eine Markise oder ein Sonnenschirm schützt vor Hitze. Regelmäßiges Gießen sorgt für ausreichend Feuchtigkeit. Einmal täglich, am besten morgens, verhindert, dass die Pflanzen austrocknen. Bei großer Hitze wird zusätzlich abends gegossen. Dabei gilt immer: Weniger ist mehr – Pflanzen und Erde können nur eine begrenzte Menge an Wasser aufnehmen. Regelmäßiges Düngen versorgt die Pflanzen mit den notwendigen Nährstoffen. Allerdings ist der Bedarf der Pflanzen unterschiedlich: Sogenannte Schwachzehrer wie Kräuter benötigen weniger Dünger als Starkzehrer wie Tomaten oder Zucchini. Um das Wachstum zu fördern, müssen welke Blätter und Blüten regelmäßig entfernt und die Pflanzen bei Bedarf zurückgeschnitten werden.

GROSSSTADTBIENEN: IMKERN IN HAMBURG

Urban Gardening und Bienenhaltung bilden eine perfekte Ergänzung, um neuen Lebensraum für Bienen zu schaffen.

Für uns Menschen ist die Biene Rohstoffproduzent und landwirtschaftliches Nutztier in einem. Sie produziert den leckeren Honig, den wir als Brotaufstrich, zum Süßen oder einfach zum Wegnaschen so schätzen. Sie ist aber auch dafür zuständig, Pflanzen zu bestäuben, auf die Mensch und Tier als Nahrungsquelle angewiesen sind. Damit ist sie ein unverzichtbarer Teil unseres Ökosystems.

Über 75 Prozent der europäischen Nutz- und Kulturpflanzen sind auf die Bestäubung durch Bienen angewiesen. Während Getreide oder Mais auch vom Wind bestäubt werden können, ist es für Obst, Beeren und Gemüse erforderlich, dass sie von Bienen bestäubt werden, um Früchte tragen zu können. Ohne die fleißigen Helfer würden beispielsweise Obstbäume nur ein Viertel des Ertrages einbringen. Damit ist der wirtschaftliche Nutzen der Biene für landwirtschaftliche Betriebe von unschätzbarem Wert und sichert ihr Platz drei der wichtigsten Nutztiere – gleich hinter dem Schwein und dem Rind.

Gartendeck St. Pauli: Auf dem BienenDeck logiert ein Bienenschwarm, der aus einer Königin und etwa 850 Gramm Bienen besteht.

BEDROHTER LEBENSRAUM

Obwohl uns der Wert der Honigbiene bewusst ist und der Ausfall ihrer Bestäubungsdienste katastrophale Folgen für unser Ökosystem und die Wirtschaft hätte, stehlen wir ihr ihren natürlichen Lebensraum und verknappen das Nahrungsangebot. Die Folge: Es gibt immer weniger Bienen.

Eine Lösung, um geeignete Lebensräume für Bienen zu schaffen, sind bienenfreundliche Gärten. Mit ein paar einfachen Kniffen wie ungemähten Flächen, ungepflegten Ecken mit Totholz, Laub oder offenem Boden, Wildblumen und Trinkgelegenheiten kann jeder, der einen Garten oder einen Balkon hat, mithelfen, dass Bienen Nahrung und geeignete Brutplätze finden.

ÜBER DEN DÄCHERN HAMBURGS

Man sollte meinen, Großstädte wie Hamburg sind nichts für Bienen. Das ist aber nicht richtig: Seit einigen Jahren vermehren sich die Bienen auch in urbanen Gebieten, die ihnen durchaus gut geeignete Lebensräume bieten können. Hamburgs Dachgärten haben gegenüber ländlichen Gebieten sogar durchaus ihre Vorzüge: Zum einen werden dort nicht großflächig gesundheitsschädliche Pestizide eingesetzt. Zum anderen finden Bienen hier statt einer ländlichen Monokultur eine große Auswahl unterschiedlicher Pflanzen und damit ein reichhaltigeres Nahrungsangebot.

Obwohl die Zahl der Menschen in Hamburg, die das Imkern für sich entdeckt haben, aktuell leicht rückläufig ist, bleibt der Zuwachs an Bienenhaltenden in Städten überdurchschnittlich hoch. Laut dem Imkerverband Hamburg zählt die Hansestadt 1126 Imker mit 5603 Bienenvölkern.

VON BLUMEN UND BIENEN

Urban Gardening und Bienenhaltung sind wie füreinander gemacht. Mit einem bienenfreundlichen Garten oder Balkon entstehen neue Lebensräume und Nistplätze mitten in der Stadt. Und mit einem vielfältigen Angebot an geeigneten Pflanzen wird die Nahrungsvielfalt sichergestellt. Je mehr Auswahl an unterschiedlichen Blüten die Biene hat, desto mehr wird ihr Immunsystem gestärkt. Bienenhaltende, die gleichzeitig einen Stadtgarten oder Balkongarten haben, können zudem selbst dafür sorgen, das Angebot an Nektarquellen zu vergrößern, damit der wachsenden Bienenpopulation ausreichend Nahrung zur Verfügung steht und kein Bienenvolk zu kurz kommt.

EIN EIGENES BIENENVOLK: EINE VERANTWORTUNGSVOLLE AUFGABE

Wer einem Bienenvolk ein Zuhause geben möchte, übernimmt eine verantwortungsvolle und zeitintensive Aufgabe. Entsprechend sollte die Bienenhaltung gut überlegt sein. Bienenhalter sollten sich im Vorfeld sorgfältig informieren, welche Anforderungen auf sie zukommen, einen geeigneten Standort zur Verfügung haben und sich das erforderliche Wissen über den Umgang mit Bienen und das notwendige Fachvokabular aneignen. Hierzu gibt es jede Menge Fachliteratur. Wer eine praktische Ausbildung bevorzugt, kann einen Imkerkurs belegen. Diese Kurse werden mittlerweile in vielen deutschen Städten angeboten. Zusätzlich ist es sinnvoll, sich mit anderen Imkerinnen und Imkern zu vernetzen, um so gegenseitig von Wissen und Erfahrungen zu profitieren. Daneben finden Bienenhaltende auch Unterstützung in Imkervereinen.

BEUTEVERGLEICH

In der freien Wildbahn nisten Bienen am liebsten in Wäldern, hoch oben in Baumhöhlen. Alternativ gibt es unterschiedliche Arten von Bienenbehausungen, die sich für die Bienenhaltung auf Balkonen oder in Gärten eignen. Dem natürlichen Habitat der Bienen kommt die Klotzbeute am nächsten. Und da geht es auch schon los mit den Fachbegriffen, von denen man gehört haben sollte.

Die Behausung der Biene wird Beute genannt. Bei der Klotzbeute handelt es sich um eine Behausung, für die ein Loch in einen lebenden Baum oder einen abgesägten Baumstamm geschlagen wird. Hier findet die Biene perfekte Bedingungen im Hinblick auf Klima und Isolierung. Alternativ bietet die Warré Beute, auch Volksbeute genannt, eine gute Möglichkeit zur ökologischen Bienenhaltung. Die Beute wurde von dem Franzosen Émile Warré entwickelt. Sie besteht aus bis zu sieben Bauteilen und ahmt den Aufbau eines Baumes nach. Damit ist sie entsprechend sperrig und für die Hobbyimkerei eher unhandlich.

In der modernen Imkerei werden Magazinbeuten als künstliche Nisthöhlen für die fleißigen Honigbienen verwendet.

Lebensraum für Bienen und andere Insekten: Auf dem Vorsprung des Bunkers im KEBAPgarten entsteht der helle, leckere „Bunkerhonig".

Die klassische Behausung in der konventionellen Bienenhaltung ist die Magazinbeute. Sie liefert einen vergleichsweise hohen Ertrag und wird daher häufig in der gewerblichen Imkerei, aber auch von Hobbyimkerinnen und -imkern gern genutzt.

DEN RICHTIGEN STANDORT AUSWÄHLEN

Ist die geeignete Beute gefunden, geht es weiter mit der Standortwahl. Wichtig ist, dass die Bienen in der Umgebung ausreichend Nahrung und Wasser finden. Darüber hinaus sollte ein Standort gewählt werden, der im Tagesverlauf sowohl Sonne als auch Schatten − im Idealfall im Verhältnis 1:1 − bietet. Der Eingang, auch Flugloch genannt, sollte zur wetterabgewandten Seite zeigen und windgeschützt liegen. Ausreichend Platz vor dem Flugloch sorgt dafür, dass die Bienen jederzeit frei kommen und gehen können.

Der Bienenstock braucht während der Saison intensive Betreuung. Entsprechend sollte der Standort schnell erreichbar sein. Wer eine Beute auf dem Balkon aufstellt, muss zudem Rücksicht auf die Nachbarn nehmen und sollte seine Wohnungsvermietung über die Bienenhaltung informieren.

MELDEPFLICHT FÜR BIENENHALTER IN HAMBURG

Um die Ausbreitung von Bienenseuchen wirksam zu bekämpfen, sind Bienenhaltende in Hamburg dazu verpflichtet, ihr Bienenvolk bei der Behörde für Justiz und Verbraucherschutz, Abteilung Lebensmittelsicherheit und Veterinärwesen anzumelden. Angaben wie Name und Anschrift des Haltenden, Anzahl der im Jahresdurchschnitt gehaltenen Bienenvölker und Standort ermöglichen den Behörden ein schnelles Eingreifen bei Seuchenausbrüchen. Entsprechend sind auch Hobbyimkerinnen und -imker nicht von der Meldepflicht ihrer Bienenvölker ausgenommen.

„DIY – beim Bau von Nisthilfen sind der Fantasie keine Grenzen gesetzt."

ZUBEHÖR FÜR DIE BIENENHALTUNG

Für die Bienenhaltung benötigen Hobbyimkerinnen und -imker bestimmte Werkzeuge und Zubehör:

- Ohne Stockmeißel geht es nicht. Er wird benötigt, um die Rähmchen in der Beute voneinander zu trennen oder Bienenharz (Propolis) abzukratzen.
- Um die Waben von den Bienen zu befreien, wird ein Imkerbesen benötigt.
- Der Rauch aus dem Smoker sorgt dafür, dass sich die Bienen in die Wabengassen zurückziehen und Honig aufnehmen. So verschaffen Imkerinnen und Imker sich Zeit, um ungestört am Bienenstock zu arbeiten.
- Bienenstiche lassen sich beim Imkern nicht vermeiden. Das Risiko wird durch einen Imkeroverall, einen Schleier und Lederhandschuhe reduziert.

WOHER KOMMT DAS BIENENVOLK?

Alles bereit für den Einzug der Bienen? Na prima. Aber woher kommen eigentlich die Bienen? Um diese Frage zu klären, kommt ein weiterer Fachbegriff ins Spiel: der Schwarm. Schwärmen bezeichnet die natürliche Art der Fortpflanzung bei Bienen, durch die eine neue Königin erschaffen wird. Die alte Königin verlässt die Behausung, sobald eine neue Königin geboren wurde, nimmt die Hälfte des Volkes mit und gründet in einer neuen Behausung einen neuen Schwarm. Ein Schwarm, der auf diese Weise entsteht, wird als Naturschwarm bezeichnet. Ein Schwarm, der durch das Nachhelfen eines Imkers entsteht, wird dagegen als Kunstschwarm bezeichnet.

Verlässt ein Schwarm die Behausung, darf er von jedem eingefangen werden. Da sie zu diesem Zeitpunkt keine Behausung haben, die sie verteidigen müssen, verhalten sich die Bienen friedlich. Hierzu wird entweder eine spezielle Schwarmfangkiste oder einfach ein Eimer benutzt.

Die richtige Ausrüstung schützt Hobbyimker vor Bienenstichen und sorgt für die optimale Ausbeute.

Alternativ kann ein Schwarm von anderen Imkerinnen und Imker oder lokalen Imkervereinen bezogen werden. Wer Glück hat, bekommt den Schwarm umsonst. Ansonsten sollten Neulinge hier Kosten zwischen 50 und 130 Euro einplanen.

Unabhängig davon, woher Imkerinnen und Imker ihren Bienenschwarm beziehen, sollten sie darauf achten,

- dass es sich um einen Naturschwarm handelt, da diese mehr Energie mitbringen als Kunstschwärme.
- dass es sich um Bienen aus der Umgebung handelt. Lange Transportwege stressen die Tiere.
- dass der Schwarm gesund ist und nicht aus einem Faulbrutsperrbezirk kommt. Bienenhalter können ein Gesundheitszeugnis verlangen.

PFLEGE DER HONIGBIENE

Die Bienenhaltung erfordert regelmäßige Aufmerksamkeit und Pflege. Was genau zu tun ist, hängt dabei von der jeweiligen Saison ab. Am größten ist der Pflegeaufwand jedoch zwischen April und September. In dieser Zeit müssen Zustand und Sauberkeit des Bienenstocks regelmäßig überprüft werden. Das Gleiche gilt für die Gesundheit des Bienenvolks. Wer professionell züchtet, sollte zudem den Schwarm regelmäßig kontrollieren, um Abgänge rechtzeitig einzufangen. Zweimal im Jahr – einmal im Frühsommer (Mai/Juni) und einmal im Spätsommer (Juli/August) wird der Honig geerntet und für die Aufbewahrung abgefüllt. Vor und nach der Ernte sollte die Beute zudem gründlich gereinigt werden. Nach der Ernte ist zudem eine Behandlung der Varroamilben mit Ameisensäure erforderlich. Die Anwendung darf in Deutschland nur mit einem Verdunster, beispielsweise dem Nassenheider-Verdunster erfolgen.

Ist das Bienenvolk eingezogen, ist es wichtig, die Bienen mit ausreichend Nahrung zu versorgen. Gegebenenfalls muss hier mit Zuckerwasser oder speziellem Bienenfutter zugefüttert werden. Damit die Bienen gut über den Winter kommen, ist ebenfalls eine zusätzliche Versorgung mit Zuckerwasser oder Winterfutter, das spezielle Nährstoffe enthält, erforderlich.

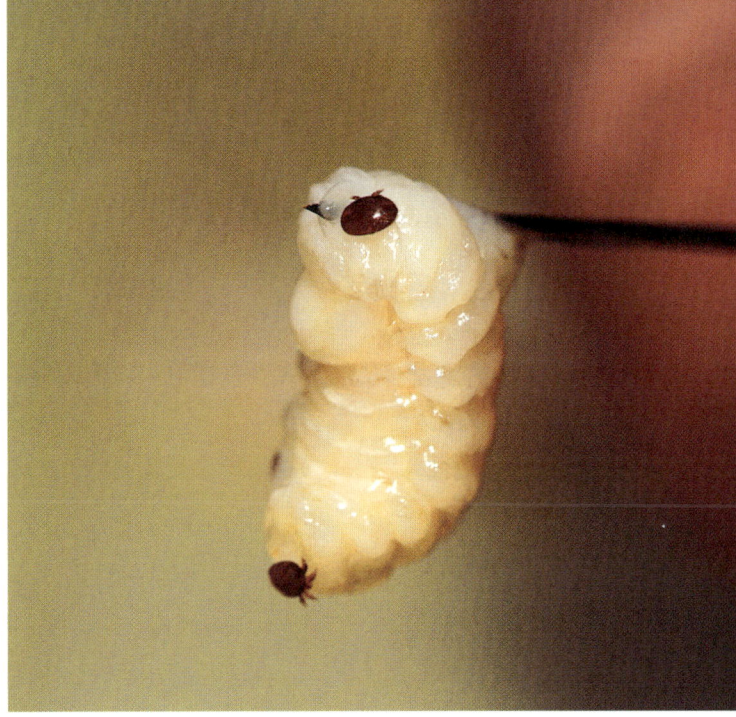

Varroamilben auf einer Bienenlarve: Heimische Honigbienen sind beim Kampf gegen die Blutsauger auf den Menschen angewiesen.

KRANKHEITEN, DIE BIENENHALTER KENNEN SOLLTEN

Zu den möglichen Krankheiten, von denen Bienen in Städten befallen werden können, zählen die Amerikanische Faulbrut und der Befall durch Varroamilben. Bei der **Amerikanischen Faulbrut** handelt es sich um eine Brutkrankheit. Die Erreger befallen die Bienenlarven und können sich beim Transport von Waben und Honig leicht ausbreiten. Die **Varroamilbe** ist ein blutsaugender Parasit, der ursprünglich aus Südostasien stammt. Die heimischen Honigbienen können sich nicht alleine gegen den Parasiten wehren und sind beim Kampf gegen die Milben auf die Hilfe der Imkerinnen und Imker angewiesen.

NUTZTIERHALTUNG IM URBANEN RAUM

Während der Anbau von Obst und Gemüse in städtischen Gebieten bereits weitverbreitet ist, gewinnt auch die Nutztierhaltung in der Stadt an Bedeutung.

Ob konventionell, integriert oder biologisch: In der Landwirtschaft werden pflanzliche und tierische Erzeugnisse produziert. Die landwirtschaftliche Produktion umfasst den Ackerbau, Obst- und Gemüseanbau, Weinbau und Hopfenbau. Sie umfasst aber auch die Grünlandnutzung als Weideland sowie die Rinder-, Schweine- und Geflügelhaltung bzw. -zucht.

Sowohl kommerzielle als auch private Arten zur Nutztierhaltung bieten Möglichkeiten, tierische Produkte wie Fleisch, Eier oder Milcherzeugnisse nachhaltig zu produzieren. Die ordnungsgemäße und nachhaltige Nutztierhaltung stellt private und kommerzielle Tierhaltende allerdings vor ganz besondere Herausforderungen. Zum einen müssen Tierwohl und Tiergesundheit sichergestellt sein. Zum anderen braucht es Lösungen, um Lärm- und Geruchsbelästigung in der Nachbarschaft zu vermeiden und die Abfallentsorgung sicherzustellen. Und natürlich gelten in urbanen Räumen besondere Regeln und Vorschriften für die Nutztierhaltung, die eingehalten werden müssen.

KOMMERZIELLE NUTZTIERHALTUNG

Die kommerzielle Nutztierhaltung in der Stadt bezieht sich auf größere Betriebe, die Kühe, Schweine, Schafe oder Geflügel zur Fleisch- oder Milchproduktion halten. Diese Betriebe sind in der Regel professionell geführt. Sie verfügen sowohl über das erforderliche Know-how als auch über eine geeignete Infrastruk-

Private Nutztierhaltung: Kaninchen, Bienen, Hühner, Enten und Gänse bringen Leben in Hamburgs Gärten.

tur, um die Tiere artgerecht zu halten und zu versorgen. Obwohl diese Betriebe grundsätzlich die besten Voraussetzungen mitbringen, können Einschränkungen durch städtische Vorschriften und potenzielle Auswirkungen auf die Umwelt, die mitunter durch Gerüche oder die Abfallentsorgung entstehen, die kommerzielle Nutztierhaltung erschweren. Die wohl größte Herausforderung der Betriebe dürfte wohl aber der in Städten nur begrenzt verfügbare Platz darstellen.

Dennoch bietet die kommerzielle Nutztierhaltung in Städten zahlreiche Vorteile. Wie der lokale Anbau von Obst und Gemüse trägt auch die Nutztierhaltung in der Stadt zur Ernährungssicherheit, der lokalen Wirtschaftsentwicklung und dem Aufbau einer nachhaltigen Gesellschaft bei. Durch die Nähe zu den Verbrauchenden können Transportwege verkürzt werden. Auf diese Weise werden Frische und Qualität der Produkte verbessert und gleichzeitig CO_2-Emissionen reduziert. Darüber hinaus schaffen die kommerziellen Betriebe Arbeitsplätze in der Region und tragen so zur wirtschaftlichen Entwicklung der Stadt bei.

PRIVATE NUTZTIERHALTUNG

Neben kommerziellen Betrieben halten auch immer mehr Privatpersonen, Initiativen oder Gemeinschaftsprojekte, die sich mit nachhaltiger Landwirtschaft in urbanen Räumen beschäftigen, Nutztiere im eigenen Garten. Hierbei handelt es sich meist um Bienen, Hühner, Kaninchen, Enten oder Gänse. Die Nutztierhaltung deckt in erster Linie den eigenen Bedarf, schafft aber auch eine Verbindung zur Natur und ein tieferes Verständnis für landwirtschaftliche Prozesse und ökologische Verantwortung. Natürlich sind auch private Nutztierhaltende an städtische Vorschriften und Richtlinien gebunden. Auf begrenztem Raum sind insbesondere Lärm- oder Geruchsbelästigung der Nachbarn durch die Tierhaltung zu vermeiden. Darüber hinaus müssen private Halterinnen und Halter sich intensiv mit den Bedürfnissen ihrer Nutztiere auseinandersetzen, um deren artgerechte Haltung und Pflege zu gewährleisten.

VORGABEN FÜR DIE HALTUNG VON NUTZTIEREN

Tierwohl und Tiergesundheit zählen zu den wichtigsten Voraussetzungen bei einer ethisch vertretbaren und nachhaltigen Nutztierhaltung. Die Tierhaltenden tragen die Verantwortung für die artgerechte Haltung, gesunde Ernährung, Sauberkeit und Hygiene in den Ställen sowie regelmäßige tierärztliche Ver-

sorgung ihrer Schützlinge. Wer nicht dazu bereit ist, die Bedürfnisse seiner Tiere zu respektieren, riskiert nicht nur ihr Wohlbefinden, sondern gefährdet auch ihre Gesundheit. Letztlich schaden verantwortungslose Nutztierhalter auch sich selbst. Wer sich dagegen gewissenhaft um seine Tiere kümmert, kommt in den Genuss qualitativ hochwertiger tierischer Erzeugnisse.

Die Anforderungen an Haltung, Überwachung, Fütterung und Pflege von Rindern, Hühnern, Schweinen oder Kaninchen regelt die Tierschutz-Nutztierhaltungsverordnung (TierSchNutztV).

NUTZTIERE REGISTRIEREN LASSEN

Wer in Hamburg Nutztiere hält, ist verpflichtet, seine Tiere bei der Behörde für Justiz und Verbraucherschutz registrieren zu lassen. Die **Registrierungspflicht** gilt sowohl für kommerzielle Betriebe als auch für private Nutztierhaltende, unabhängig von der Größe des Bestands für

- Rinder, Schweine, Schafe, Ziegen
- Einhufer (Pferde oder Esel)
- Hühner, Enten, Gänse
- Fasane, Perlhühner, Rebhühner, Wachteln
- Truthühner
- Tauben
- Laufvögel
- Gehegewild
- Bienen
- Kameliden (Kamele, Lamas, Alpakas etc.) und sonstige Klauentiere (Hirsche, Rehe, Elche, Rentiere etc.)

Halterinnen und Halter von Rindern, Schweinen, Schafen, Ziegen und Pferden müssen ihre Tiere zudem bei der **Hamburger Tierseuchenkasse** anmelden.

SIEBEN HENNEN UND EIN HAHN: HÜHNER HALTEN IN DER STADT

Hühner im eigenen Garten liefern nicht nur Eier: Sie haben ihren ganz eigenen Charakter, und es macht Spaß, sie zu beobachten und mit ihnen zu interagieren. Bevor man sich Hühner anschafft, gibt es allerdings einige Fragen zu klären. Nicole und Andi, die in ihrem Garten in Hamburg-Bergstedt sieben Hennen und einen Hahn halten, haben uns Einblick in die Welt der Hühnerhaltung gewährt.

Sie sind eigenständig, plietsch und zeichnen sich durch ihren ganz eigenen Charakter aus. Sie haben alle einen Namen und müssen sich keine Sorgen machen, irgendwann mal auf dem Teller zu landen. Denn für Nicole und ihren Mann Andi gehören sie zur Familie. Die Rede ist von den Hennen Hilde, Lucy, Emmi, Schoki1 und Schoki2, Lotti und Rosa. Komplettiert wird die Hühnerschar von dem Hahn Fred. Wie die Hühnerfibeln es predigen, ist die Herde mit einem Hahn – erstaunlicherweise – sicherer, glücklicher und ruhiger.

WENN DER HAHN KRÄHT

Bevor Fred im Hühnerstall einziehen durfte, wurden allerdings erst einmal die Nachbarn gefragt. Es ist schließlich nicht jedermanns Sache, wenn der Hahn pünktlich bei Sonnenaufgang zu krähen anfängt. Und bei aller Freude am Hühnerhalten will man es sich ja auch nicht mit den Nachbarn verderben. Die meisten haben positiv reagiert: Sie kümmern sich sogar um die Hühner, wenn Nicole und Andi mal weg sind. Zum Dank gibt es dann frische Eier von glücklichen Hühnern.

WELCHE RASSE DARF'S SEIN?

Bei der Wahl der Rasse standen das Wesen, gefolgt von der Optik und der Legeleistung im Mittelpunkt. Als Anfänger haben sich die neuen Halter für Zwerg-Wyandotten und Zwerg-Federfüße entschieden. Diese Kleinhühnerrassen gelten als einfach im Umgang und stellen keine großen oder speziellen Ansprüche an die Haltung. „Unsere sieben Hennen legen insgesamt mal ein bis fünf Eier am Tag – und manchmal auch keins." Im Vergleich dazu liefern die sogenannten Hybridhühner, die speziell für den Einsatz in der Geflügelproduktion optimiert wurden, Tag ein Tag aus exakt ein Ei.

„Mit einem Hahn ist die Herde – erstaunlicherweise – ruhiger."

Zwerg-Federfüße: In Züchterkreisen werden die anfängerfreundlichen Tiere oft auch als Porzellanzwerge bezeichnet.

Die Erfahrung hat gezeigt, dass Nicole und Andi der Charakter der Federfüße am besten liegt. Sie werden sich daher in Zukunft auf die Federfüße konzentrieren. Gleichzeitig wollen sie aber auch anderen Rassen, die grüne oder braune Eier legen, eine Chance geben.

ART- UND WESENSGERECHTE HALTUNG

Untergebracht ist das Federvieh am Stadtrand von Hamburg in einem artgerechten Hühnerhaus. Stall und Voliere sind von einem Freigelände umgeben, das komplett eingezäunt ist und nachträglich auch von oben mit Netzen und Gittern gesichert wurde. „Wir hatten am Stadtrand mit Marder oder Fuchs gerechnet, aber leider nicht mit Greifvögeln. So haben wir am Anfang sofort ein Huhn verloren." Zudem sind die Voliere und das Außengelände mit Sitzstangen ausgestattet. „Unsere Hühner sitzen gerne erhöht auf Stangen und Ästen. Und sie buddeln für ihr Leben gerne. Ein trockener Ort mit handelsüblichem Sand zum täglichen ‚Sandbaden' muss vorhanden sein und wird hier regelmäßig und gerne genutzt."

Man sagt, vier Hennen und ein Hahn seien ideal für die private Hühnerhaltung. Wie viele Hühner tatsächlich passen, hängt zum einen individuell vom Platz ab. Zum anderen spielt die Rasse eine entscheidende Rolle – hier gibt es erhebliche Größenunterschiede. „Wir haben ein größeres Hühnerhaus, das Platz für mindestens zehn bietet. Bei unseren Zwerghühnern – wir haben 4 Zwerg-Wyandotten und 4 Zwerg-Federfüße – reicht der Platz sogar für 14."

Hahn Fred wacht über die Zwerg-Wyandotten und Zwerg-Federfüße im Hühnerstall.

BUCHTIPPS

- Antje Krause und Wilhelm Bauer, „Garten sucht Hühner", Stuttgart 2018.
- Beate und Leopold Peitz, „Hühner halten – Glückliche Hühner im eigenen Garten", Stuttgart 2021.
- Katharina von der Leyen „Hühnerliebe – Das große Praxisbuch", München 2023.

VERWÖHNTE BANDE

Was das Futter angeht, gesteht Nicole, sind die Hühner recht verwöhnt: Zum Frühstück gibt es Brot mit Quark, Körner, Banane oder auch mal einen Granatapfel. Mittags einen Mix aus Grünzeug, bestehend aus Kräutern und sehr fein geschnittenem Gras. Und abends mal Nudeln oder Reis jeweils mit einer Körnermischung oder verschiedenen Gemüsearten. Um das leibliche Wohl vollkommen zu machen, gibt es ab und zu auch noch ein besonderes Leckerchen: „Das klassische Hühnerleckerli sind getrocknete Mehlwürmer."

Für die Versorgung und Pflege plant Nicole mindestens zwanzig Minuten am Tag ein: Futter richten, füttern, Wasser auffrischen, Hinterlassenschaften wegräumen, Stall regelmäßig säubern und Verwüstungen beseitigen kann aber gerne auch mal bis zu einer Stunde in Anspruch nehmen – je nachdem, was gefüttert wird und welchen Anspruch man selbst an die Stallhygiene hat.

Eine gesunde und ausgewogene Ernährung sowie Sauberkeit und Hygiene sind natürlich auch im Hinblick auf die Gesundheit der Hühner wichtig – und ersparen den Gang zum Tierarzt. „Im Normalfall braucht man den Arzt nur für die Impfung. Diese kann aber auch und sogar fast umsonst im Geflügelzüchterverein erfolgen. Hierzu werden extra Sammeltermine angeboten."

EINFACH MAL AUSPROBIEREN

Auf den Einzug der Hühner haben sich die beiden gut vorbereitet. Insbesondere Andi hat viel dazu gelesen – hier gibt es zahlreiche wunderschöne Bücher – und Videos geschaut. Zusätzliche Unterstützung fanden sie ganz in der Nähe bei einer sehr netten Züchterin für die Federfüße, die sie auch mal um Rat fragen konnten. „Der Rest ergibt sich einfach durchs Ausprobieren."

Stallhygiene:
Sauberkeit und
Hygiene im Stall
ersparen so
manchen Gang
zum Tierarzt.

Die größte Herausforderung war es, erst einmal an die Wunschhühner zu kommen. Wegen der Geflügelpest, die in den letzten Jahren immer wieder grassierte, gab es ein Hühnerausstellungsverbot gerade zur üblichen Verkaufszeit von Junghühnern im Frühjahr. Hinzu kam die sogenannte Stallpflicht im Zuge der Hühnerpest. „Wir durften unsere Hühner ganze vier Monate nur dort führen, wo alles lückenlos und wasserdicht überdacht ist. Aus diesem Grund ist unsere Stahlvoliere jetzt komplett überdacht. Also vier Monate nur Stall und Voliere. Das haben die Hühner natürlich nicht verstanden: Sobald wir die Tür zur Voliere geöffnet haben, haben sie regelrecht mit allen Tricks darum gekämpft, rauszukommen. Nach einigen Wochen hatten sie sich mit der Situation abgefunden und wurden fast lethargisch passiv. Das war nicht schön anzusehen, und wir haben mit ihnen mitgelitten. Ich hoffe, in diesem Jahr bleiben uns weitere Quarantänen erspart."

Mittlerweile herrscht „Regelbetrieb" im Hühnerstall, und die Hühnerschar hat sogar Nachwuchs bekommen. Dabei wollten die beiden keine Züchter werden. Sie haben einfach der Natur ihren Lauf und zwei Hennen glucken lassen. Während der Brut wurden die Bruteier markiert und alle neuen Eier den Glucken weggenommen. Wie nach dem Lehrbuch sind nach 21 Tagen drei gesunde Küken geschlüpft. Sie wachsen und gedeihen. Und sie sind rotzfrech. „Wir wissen noch nicht, ob wir alle behalten. Das Geschlecht ist auch noch nicht ersichtlich, also mal sehen."

Getrocknete Mehlwürmer:
Diesem Leckerli kann kein Huhn
widerstehen.

DIE ZEHN JAHRESZEITEN

Das Gartenjahr teilt sich in zehn Jahreszeiten, in denen unterschiedliche Gartenarbeiten anfallen.

Weiße und lilafarbene Krokusse im Park

Der phänologische Kalender hat seine ganz eigenen Jahreszeiten. Im Gegensatz zu den kalendarischen Jahreszeiten lässt er sich nicht auf den Tag genau festlegen, sondern orientiert sich am Witterungsverlauf. Er beschreibt die verschiedenen Phasen im Lebenszyklus von Pflanzen und Tieren während eines Jahres und bezieht dabei jährlich wiederkehrende Ereignisse in der Natur, die eng mit klimatischen Veränderungen und den kalendarischen Jahreszeiten zusammenhängen, mit ein. Damit dient er Garten- und Landwirtschaftsbetrieben als Orientierungshilfe, um den optimalen Zeitpunkt für die anfallenden Gartenarbeiten zu bestimmen.

MÄRZEN-SCHNEE TUT DEN SAATEN WEH

Was sich heute mit wissenschaftlichen Beobachtungen und Auswertungen belegen lässt, hat seine Wurzeln in den **Bauernregeln**, mit denen die Zusammenhänge zwischen dem Wetter und seinen Auswirkungen auf die Landwirtschaft als Volkssprüche in Reimform von Generation zu Generation weitergegeben wurden.

DER RICHTIGE ZEITPUNKT

Im Garten gibt es immer etwas zu tun. Aber wann ist eigentlich der richtige Zeitpunkt, um Kräuter zu

Kirschblüte an der Binnenalster

pflanzen, Obstbäume zu schneiden, Sommerblumen auszusäen oder Blumenzwiebeln auszubringen? Der richtige Zeitpunkt für diese und andere Arbeiten lässt sich nicht auf ein bestimmtes Datum festlegen. Die Natur hat hier ihren ganz eigenen Kalender, der sich an dem Geschehen drum herum orientiert. Je nach Witterung und klimatischen Bedingungen kann er jedes Jahr anders aussehen und auch von Region zu Region variieren. Aussaat- und Pflanztermine lassen sich daher nur ungefähr festlegen und richten sich nach Blüte- und Reifezeiten bestimmter Pflanzen in der jeweiligen Region.

ZEIGERPFLANZEN GEBEN ORIENTIERUNG

Als Orientierung dienen die sogenannten Zeigerpflanzen. Dabei handelt es sich um Pflanzen, deren zeitliche Entwicklung (Phänologie) eng mit den Jahreszeiten und klimatischen Bedingungen verbunden ist. Zeigerpflanzen im phänologischen Kalender helfen uns, den natürlichen Rhythmus der Vegetation und die Veränderungen im Jahresverlauf zu beobachten.

Zu den typischen Zeigerpflanzen, die das Frühjahr ankündigen, gehören Frühblüher wie Schneeglöckchen, Krokusse oder Forsythien. Treiben die Blätter von Buchen, Eichen oder Ahorn aus, deutet sich der Übergang vom Frühling zum Sommer an. Die Blüte von Rosen, Lavendel oder Sonnenblumen kennzeichnet den Höhepunkt des Sommers. Beginnen sich die Blätter von Birken und Ahorn leuchtend bunt zu färben, kündigt sich der Herbst an. Mit der Apfel-, Birnen- oder Traubenernte schreitet er fort, bis er schließlich mit dem Laubfall endet und der Winter beginnt.

GÄRTNERN NACH DEM KALENDER DER NATUR

Der phänologische Kalender teilt das Gartenjahr in zehn Jahreszeiten. Die vier kalendarischen Jahreszeiten werden noch einmal feiner unterteilt:

- Der phänologische Frühling besteht aus dem Vorfrühling, dem Erstfrühling und dem Vollfrühling.
- Der phänologische Sommer wird in Frühsommer, Hochsommer und Spätsommer unterteilt.
- Der phänologische Herbst gliedert sich in Frühherbst, Vollherbst und Spätherbst.
- Der Winter beschließt den phänologischen Kalender.

VORFRÜHLING

Wenn die ersten Schneeglöckchen im Januar oder Februar ihre weißen Blüten öffnen, beginnt der phänologische Vorfrühling. Die Tage werden wieder länger und signalisieren Pflanzen und Tieren, dass es Zeit wird, aus dem Winterschlaf zu erwachen. Frühmorgens zwitschern die Vögel, und auch Insekten wie Bienen, Hummeln und andere Bestäuber werden wieder aktiv und gehen auf Nahrungssuche. Die gelbe Blüte der Haselnusssträucher markiert Ende März das Ende des Vorfrühlings.

Vorbote des Frühlings: Gewöhnliches Schneeglöckchen (Galanthus nivalis) in voller Blüte

Gemeine Hasel (Corylus avellana) blüht im Frühjahr

Traubenhyazinthen (Muscari armeniacum)

Obwohl der Boden noch hart ist, es noch kalt ist und immer wieder Frost gibt, ist das Gartenjahr eröffnet und es fallen zahlreiche Gartenarbeiten an, Boden und Pflanzen auf die kommenden Monate vorzubereiten. Im Vorfrühling werden Böden bearbeitet, Pflanzen vorgezogen, Gehölze gedüngt, Obstgehölze, Ziergehölze und Rosen gepflanzt und Obstbäume sowie Gehölze, die im Spätsommer blühen, geschnitten.

ERSTFRÜHLING

Mit dem Erstfrühling wird es bunt: Er begrüßt uns mit zahlreichen Frühblühern wie weißen, gelben und lilafarbenen Krokussen, gelben Narzissen, blauen Hyazinthen, Tulpen in zahlreichen Farben und Stiefmütterchen. Die Bäume erwachen wieder zum Leben: Ihre Knospen beginnen zu platzen, und die ersten grünen Blätter werden sichtbar. Amsel, Drossel und andere Sing- und Zugvögel wie Störche, Schwalben und der Kuckuck kehren aus ihren Winterquartieren zurück. Bienen und Hummeln bekommen beim Bestäuben tatkräftige Unterstützung von Schmetterlingen und anderen Insekten.

Jetzt gibt es einiges zu tun! Um die Beete für das kommende Gartenjahr vorzubereiten, werden abgestorbene Pflanzenreste und Unkraut entfernt und der Boden mit einem Spaten aufgelockert und mit Kompost oder Dünger angereichert. Um das Wachstum von Unkraut einzudämmen und Feuchtigkeit im Boden zu speichern, werden die Beete jetzt gemulcht. Um den Pflanzen im Garten einen guten Start in die Wachstumssaison zu ermöglichen, wird mit der Düngung begonnen.

Gemüse wie Karotten, Radieschen, Spinat oder Erbsen sowie Frühjahrsblumen wie Vergissmeinnicht oder Ringelblumen können ausgesät werden. Um schon jetzt Farbe in den Garten zu bringen, werden Frühlingsblumen wie Primeln, Veilchen oder Schlüsselblumen in die Beete oder Pflanzgefäße gesetzt und Kübelpflanzen aus dem Winterquartier geholt. Da es immer noch zu Frost kommen kann, sollten empfindliche Pflanzen mit Vlies oder Abdeckungen geschützt werden.

Damit der Rasen sich prächtig entwickeln kann, braucht er jetzt besondere Pflege: Blätter und abgestorbenes Gras werden entfernt und die Halme auf eine Höhe von drei bis fünf Zentimeter gemäht. Bei Bedarf wird der Rasen vertikutiert, um ihn von Moos zu befreien.

VOLLFRÜHLING

Wenn Apfel-, Kirsch- und Birnenbäume in voller Blüte stehen, ist der Vollfrühling gekommen. Die Blätter der Laubbäume bilden ein grünes Dach und konkurrieren mit dem Grün der Rasenflächen. Stauden und Sommerblumen entwickeln Triebe und Blätter, und die Temperaturen werden langsam milder.

Die Zeit ist gekommen, um Gemüse wie Tomaten, Paprika, Zucchini oder Salat in den Gemüsegarten zu pflanzen und höhere Pflanzen wie Tomaten oder Stauden mit Stützstäben oder Rankhilfen vor dem Umkippen oder Abknicken zu schützen. Wer im Erstfrühling frühe Gemüsesorten und Kräuter ausgesät oder gepflanzt hat, kann jetzt sogar schon mit der ersten Ernte beginnen.

FRÜHSOMMER

Es wird immer bunter: Sommerblumen wie Rosen, Dahlien, Sonnenblumen und Lavendel haben ihre volle Blüte erreicht, und viele Stauden wie Rittersporn, Lupinen, Flieder und Pfingstrosen sind allgegenwärtig. Je nach Region und Sorte beginnen bereits verschiedene Obstsorten und Beeren zu reifen. Erdbeeren zählen zu den ersten Früchten, die geerntet werden können.

Die Temperaturen steigen. Entsprechend steht jetzt regelmäßiges Wässern der Pflanzen auf dem Plan. Um den Rasen gesund zu halten, muss dieser im Frühsommer ebenfalls regelmäßig bewässert sowie gemäht und gedüngt werden. Soll der Rasen neu ausgesät werden, ist jetzt ebenfalls der richtige Zeitpunkt gekommen. Bevor der Hochsommer beginnt, werden Hecken mit einem Schnitt in Form gebracht, Gehölze, die im Frühjahr blühen, zurückgeschnitten und zweijährige Pflanzen ausgesät.

Graugänse kehren im Frühling nach Hamburg zur Brut- und Mauserzeit zurück.

Der Duft von roten Rosen erfüllt die Hamburger Speicherstadt.

SPÄTSOMMER

Die Tage werden allmählich wieder kürzer, die Temperaturen sinken, die Blätter beginnen sich zu verfärben und kündigen leise den bevorstehenden Herbst an.

Jetzt wird es Zeit, das letzte Sommergemüse zu ernten und den Garten auf den Herbst vorzubereiten. Abgestorbene Pflanzenreste werden entfernt und die Beete für die Herbstpflanzung vorbereitet. Wer Samen von Tomaten, Kürbis und Co. im nächsten Jahr aussäen will, beginnt jetzt damit, sie zu sammeln und zu trocknen.

FRÜHHERBST

Warme Farbtöne wie Gelb, Orange und Rot beherrschen das Bild. Die ersten Blätter fallen und bedecken den Boden. Der Herbst ist gekommen und mit ihm die Zeit, ein letztes Mal vor dem Winter die Hecke zu schneiden, neuen Rasen anzulegen und Obstgehölze zu pflanzen.

Verblühte Pflanzen, geschnittene Hölzer und Pflanzenteile werden auf dem Komposthaufen entsorgt, Laub zusammengefegt und Kübelpflanzen auf den Winter vorbereitet. Winterharte Pflanzen werden nah ans Haus gestellt oder mit Vlies geschützt. Frostempfindliche Pflanzen kommen ins Haus oder ins Gewächshaus, um dort zu überwintern. Blumenzwiebeln werden gepflanzt, um im kommenden Früh-

HOCHSOMMER

Der Hochsommer ist geprägt von warmen bis heißen Temperaturen. Himbeeren, Brombeeren und Johannisbeeren sowie Äpfel, Birnen, Pfirsiche und Pflaumen sind erntereif. Viele Gemüsesorten wie Tomaten, Gurken, Zucchini, Bohnen, Paprika und Mais können jetzt ebenfalls geerntet werden. Neigt sich der Hochsommer dem Ende zu, machen sich Zugvögel mit ihren Jungen langsam auf den Weg Richtung Süden in ihr Winterquartier.

Regelmäßiges Gießen und Rasenpflege begleiten Gärtnerinnen und Gärtner auch durch den Hochsommer. Zusätzlich brauchen Beete und Pflanzen aufgrund der hohen Temperaturen jetzt weitere Unterstützung. Unkraut vermehrt sich sehr stark und muss regelmäßig entfernt werden. Pflanzen werden wichtige Nährstoffe in Form von Dünger zugeführt, Mulchen schützt die Böden vor Austrocknung. Reifes Obst und Gemüse werden regelmäßig geerntet, um Platz für neue Früchte zu schaffen. Nach der Ernte werden Obstbäume zurückgeschnitten.

Zu jeder Jahreszeit ein echtes Highlight: Umgeben von CCH, Messegelände und St. Pauli liegt die öffentliche Parkanlage Planten un Blomen.

jahr zu blühen. Knollenpflanzen, die nicht winterhart sind wie Dahlien oder Gladiolen, werden ausgegraben und bis zum Frühjahr eingelagert.

VOLLHERBST

Kastanien und Eicheln sind reif und fallen von den Bäumen. Mit dem feuchteren und kühleren Wetter im Herbst beginnt auch das Wachstum von Pilzen. Man kann verschiedene Pilzarten in Wäldern, auf Wiesen oder sogar im eigenen Garten entdecken.

Früchte, die noch an Bäumen und Sträuchern hängen, werden geerntet. So wird vermieden, dass Krankheitserreger und Schädlinge überwintern und die Ernte im kommenden Jahr gefährden.

SPÄTHERBST

Das Gartenjahr verabschiedet sich mit dem Spätherbst. Das Laub fällt von den Bäumen, das Pflanzenwachstum begibt sich in eine Ruhephase, die Tierwelt hält nach Rückzugsorten zum Überwintern Ausschau.

Gartenabfälle wie geschnittene Holz- und Pflanzenteile oder Laub werden gestapelt, um Kleintieren als Winterquartiere zu dienen. Der Garten wird endgültig auf den Winter vorbereitet: Empfindliche Pflanzen werden eingelagert, Sträucher geschnitten, Beete zum Schutz vor Frost abgedeckt.

WINTER

Ist der Winter gekommen, zeigt sich mit der blühenden Zaubernuss und der Christrose immer noch Leben im Garten. Leben bringen auch die wenigen Vögel, die hier überwintern, und Eichhörnchen, die sich immer wieder Futter aus ihrem Vorratsspeicher holen. Am Ende des Winters als Vorbote des Frühlings beginnt die Hasel wieder zu blühen.

Den Winter nutzen Gärtnerinnen und Gärtner, um Werkzeug und Gartengeräte auf Vordermann zu bringen. Gleichzeitig müssen die Pflanzen im Winterquartier regelmäßig kontrolliert und gegossen werden. Pflanzen, die draußen überwintern, werden an frostfreien Tagen ebenfalls gewässert.

NÜTZLICHE GARTENHELFER: DAS RICHTIGE WERKZEUG FÜR DIE GARTENARBEIT

Es ist wie beim Heimwerken: Werkzeuge, die im Garten gebraucht werden, sollten von guter Qualität sein, damit die Gartenarbeit leicht von der Hand geht.

Rasen mähen, Unkraut jäten, Beete umgraben, Laub entfernen, Pflanzen zurückschneiden: Im Garten fallen zahlreiche Arbeiten an, für die diverse Gartenwerkzeuge erforderlich sind. Während für einen Balkongarten nur wenige Werkzeuge benötigt werden, ist der Bedarf in einem üppigen Bauerngarten oder in einem Gemüsegarten deutlich höher. Je nach Art des Gartens und den darin enthaltenen Pflanzen brauchen Gärtnerinnen und Gärtner unterschiedliche Geräte. Und je nach Größe des Gartens oder nach Vorhaben können neben Handgeräten auch Elektrogeräte sinnvoll sein.

VERARBEITUNG, LANGLEBIGKEIT, ERGONOMIE

Gartenarbeit bedeutet für viele Menschen Entspannung. Harte Arbeit gehört dazu. Man muss es sich aber nicht unnötig schwer machen. Verbiegt der Spaten beim ersten Stich in härteren Boden oder kapitulieren Astscheren bei größeren Ästen, macht die Gartenarbeit keinen Spaß. Entsprechend sollte bei der Anschaffung auf Qualität und Verarbeitung der Werkzeuge geachtet werden. Langlebigkeit der Gartenhelfer ist auch im Hinblick auf die Nachhaltigkeit beim Gärtnern ein wichtiger Aspekt: Bei guter Pflege sollten Gartenwerkzeuge Gärtnerinnen und Gärtner möglichst ein Leben lang begleiten.

Gartenwerkzeuge sollen uns das Leben erleichtern. Gleichzeitig sollten sie den Rücken und die Sehnen schonen. Daher ist neben Qualität und Langlebigkeit auch die Ergonomie der Geräte entscheidend. Ein Spaten sollte nicht zu schwer sein. Bei Spaten, Hacke und Rechen spielt zudem die Länge des Stiels eine wichtige Rolle. Bei Gartenscheren müssen Größe und die Form des Griffs zur Hand passen.

DIE GRUNDAUSSTATTUNG

Unabhängig von Größe, Art und Gestaltung des Gartens benötigen alle Gärtnerinnen und Gärtner eine Grundausstattung, um loszulegen. Zur Ausrüstung, die in keinem Garten fehlen sollte, gehören

- Handschaufel
- Handhacke
- Handharke/-rechen
- Grubber
- Gartenscheren
- Unkrautstecher
- Gießkanne
- Eimer
- Gartenhandschuhe
- Kniepolster

Handschaufel, -harke und -hacke eignen sich perfekt für Arbeiten auf engem Raum in Balkongärten, Hochbeeten oder Kräutergärten. Diese Geräte sollten aus solidem Metall bestehen und über einen stabilen Griff verfügen. Mit den kleinen Gartenhelfern lassen

Must-haves für die
Gartenarbeit

sich Setzlinge einpflanzen oder Laub entfernen. Um Böden aufzulockern, kommt der Grubber zum Einsatz. Der Unkrautstecher unterstützt im Kampf gegen unerwünschtes Begleitgrün. Besonders tiefwurzelndem Unkraut wie Löwenzahn wird damit effektiv zu Leibe gerückt. Die Gießkanne versorgt die Pflanzen mit lebensspendendem Wasser.

Für präzise Schneidearbeiten an frischem Holz, Rosen oder Sträuchern eignet sich die sogenannte Bypass-Schere. Für Schnitte an trockenem, härterem Holz ist eine Amboss-Schere das ideale Werkzeug.

Bei der Bypass-Schere werden zwei Klingen aneinander vorbeigeführt. Bei der Amboss-Schere trifft die Klinge auf ein hartes Gegenstück.

Kniepolster schonen die Gelenke bei längeren Arbeiten im Beet – beispielsweise beim Unkrautjäten –, Handschuhe schützen vor Dornen, Brennnesseln oder Phyto-Photodermatitis.

PARTNER FÜRS GROBE

Für größere Flächen und Beete sind weitere größere Gartenwerkzeuge erforderlich, um Löcher zu graben, den Boden aufzulockern, ein Beet umzugraben, Saatfurchen zu ziehen oder Kompost auszubringen.

Schaufel und Spaten Mit dem Spaten können Gärtnerinnen und Gärtner Pflanzlöcher ausheben, Stauden ausgraben und zerteilen oder Rasenkanten stechen. Wichtig ist, dass er über einen stabilen Stiel und eine scharfe Kante verfügt. Ergänzend dient die Schaufel zum Graben von Löchern oder zum Ausbringen von Kompost oder Mulch.

Harke und Rechen Der Rechen besteht aus langen weichen Zinken und wird benutzt, um Laub von Rasenflächen und aus Beeten zu entfernen. Die Harke hat dagegen kurze feste Zinken, mit denen die Erde aufgelockert oder Moos und Unkraut vom Rasen entfernt werden.

Grabegabel Mit der Grabegabel werden Pflanzen ausgegraben, Böden aufgelockert oder Stauden geteilt. Sie eignet sich zudem hervorragend, um Kartoffeln oder Möhren zu ernten.

Gartenschere, Astschere, Handsäge, Heckenschere, Kettensäge Um größere Sträucher oder Obstbäume zu beschneiden, dürfen eine größere Gartenschere und eine Astschere nicht fehlen. Dicke Äste werden mit einer Handsäge, Baumstämme mit der elektronischen Kettensäge geschnitten. Hecken, die den Garten umgeben, oder auch Buchsbäume werden mit der Heckenschere in Form gebracht.

Rasenmäher Besonders nachhaltig ist der Handrasenmäher, der ohne Strom oder Benzin betrieben wird. Bei größeren Rasenflächen sind unter Umständen Elektro- und Benzinrasenmäher oder auch Mähroboter effizienter.

Schubkarre Gartenabfälle, Erde, zersägte Äste und Baumstämme sowie andere schwere und sperrige Lasten lassen sich mit der Schubkarre leichter bewegen.

Gartenschlauch Obst, Gemüse und Kräuter, aber auch Zierpflanzen müssen regelmäßig gewässert werden. In trockenen Perioden erleichtert ein Gartenschlauch mit unterschiedlichen Düsen die zusätzliche Bewässerung.

Regentonne Die Regentonne ist im nachhaltigen Gartenbau unersetzlich, um Wasser zu sparen.

TIPP

Teilen und leihen statt kaufen Die Anschaffung hochwertiger Werkzeuge kann schnell teuer werden. In Gemeinschaftsgärten oder Schrebergärten kann es sinnvoll sein, größere Geräte oder Geräte, die nur selten benötigt werden, gemeinsam anzuschaffen und zu nutzen. Alternativ können größere Geräte wie Holzhäcksler, Vertikutiermaschinen, Kettensägen, Baumstumpffräsen etc. auch in Bau- und Gartenmärkten ausgeliehen werden.

So viel zu den wesentlichen Werkzeugen und Geräten, die regelmäßig bei der Gartenarbeit zum Einsatz kommen. Natürlich kann die Liste nahezu unendlich um weiteres Zubehör wie Töpfe, Rankhilfen, Pflanzschilder, Schutznetze etc. erweitert werden.

Für kleine Rasenflächen eignet sich ein Handrasenmäher.

ZUBEHÖR FÜR DIE ANZUCHT

Wer Obst, Gemüse, Kräuter oder Blumen selbst aussäen möchte, braucht für die Anzucht der kleinen Zöglinge besonderes Zubehör. Spezielle biologisch abbaubare Anzuchttöpfe, Topfplatten oder Anzuchthäuser, Pikierstäbe, Pflanzhölzer und Pflanzstecker zur Beschriftung gibt es im Gartenfachmarkt.

Statt Plastiktöpfe von Kräutern, Blumen oder Stecklingen wegzuwerfen, können diese genauso gut für die Aussaat verwendet werden. Wichtig ist, dass die Gefäße Löcher im Boden haben, um Staunässe zu vermeiden. Da die ausgesäten Samen ausreichend Wärme und Feuchtigkeit brauchen, sollten sie zudem mit einem transparenten Deckel, der Licht durchlässt und gleichzeitig die Luftfeuchtigkeit hoch hält, abgedeckt werden.

> „Mit dem richtigen Werkzeug geht die Gartenarbeit leichter von der Hand."

KOMPOSTIEREN: KREISLAUFWIRTSCHAFT IM EIGENEN GARTEN

Die Kompostierung ist das älteste und natürlichste Verfahren, um organische Abfälle zu verwerten.

Was gibt es Besseres, als Gartenabfälle und Küchenabfälle nicht einfach wegzuschmeißen, sondern sie – ganz im Sinne der Kreislaufwirtschaft – wiederzuverwerten? Ein Komposthaufen ist die perfekte Möglichkeit, um organische Abfälle in wertvolle Nährstoffe für Gärten umzuwandeln. Wer organische Abfälle recycelt und zu wertvollem Kompost macht, trägt damit zur Nachhaltigkeit bei und schafft einen gesunden, nährstoffreichen Boden für seine Pflanzen. Das Kompostieren ist aber nicht nur ein umweltfreundliches Verfahren, sondern auch eine kostengünstige Möglichkeit, um einen Garten zu bewirtschaften. Zum einen reduzieren sich die Kosten für die Biomüllentsorgung. Zum anderen sparen sich Gärtner, die auf natürlichen Kompost setzen, teure Ausgaben für Dünger, Pflanzenschutzmittel oder Bodenverbesserungsmaßnahmen.

UMWANDLUNG ZU HUMUS

Kompostieren ist die natürlichste Art, Pflanzen mit den notwendigen Nährstoffen zu versorgen. Kompost verbessert den Boden, indem er ihm wertvolle Nährstoffe, die ihm durch den Anbau von Nutz- und Zier-

WAS VERSTEHT MAN UNTER KREIS-LAUFWIRTSCHAFT?

Abfälle sind wertvolle Rohstoffe, die effektiv genutzt werden können, um natürliche Ressourcen zu schonen. Was organische Abfälle anbelangt, bedeutet Kreislaufwirtschaft, diese Abfälle so lange wie möglich zu recyceln. Dadurch wird ihr Lebenszyklus verlängert, statt künstliche Düngemittel zu produzieren oder ohnehin knappe Rohstoffe wie Torf zu verschwenden.

pflanzen entzogen wurden, zurückgibt. Gleichzeitig macht natürlicher Kompost den Einsatz von chemischen Düngemitteln in vielen Bereichen überflüssig und trägt so dazu bei, Umweltschäden zu vermeiden.

Statt organische Stoffe zu verschwenden, werden sie beim Kompostieren in fruchtbaren Boden zurückverwandelt. Diese Komposterde, auch Humus genannt, entsteht durch das Verrotten von organischen Abfällen. Im Komposthaufen werden abgestorbene Pflanzen und Küchenabfälle in drei Phasen

Neues Leben: Organische Abfälle liefern
wertvolle Nährstoffe für den Garten.

mithilfe von Bakterien, Pilzen sowie Würmern und Asseln zersetzt. In der ersten Phase, der Vorrotte oder Abbauphase, sorgen Bakterien dafür, dass sich leicht abbaubare Stoffe aufspalten und zersetzt werden. Bei diesem Prozess entsteht eine Temperatur zwischen 50 und 65 °C, die dafür sorgt, dass Unkrautsamen und Krankheitskeime absterben. In der zweiten Phase, der Hauptrotte oder Umbauphase, sinkt die Temperatur auf 30 bis 40 °C und Pilze übernehmen den Stoffumsatz. Übrig bleiben schwer zersetzbare Stoffe, die in der letzten Phase, der Reife- oder Abkühlphase, mithilfe von Würmern, Asseln sowie weiteren Lebewesen

Kreislaufwirtschaft: Reste aus der Küche werden kompostiert.

abgebaut werden. Die Temperatur im Komposthaufen beträgt jetzt nur noch etwa 20 °C.

Während der Rotte dienen die Abfälle zahlreichen Kleinlebewesen als Nahrung. Wurden die Pflanzenteile in Komposterde umgewandelt, finden sie keine Nahrung mehr und ziehen sich aus dem Komposthaufen zurück.

KOMPOST ODER BIOTONNE?

Grundsätzlich können alle organischen Materialien kompostiert werden. Allerdings zersetzen sich die unterschiedlichen Materialien nicht im gleichen Tempo oder stören die Verrottung. Mit der richtigen Vorbereitung können aber nahezu alle Gartenabfälle mit auf den Komposthaufen. Frischer Rasenschnitt beispielsweise sollte zunächst etwas getrocknet werden. Auf diese Weise wird verhindert, dass er klumpt

WAS DARF AUF DEN KOMPOST?

- Küchenabfälle (Obst- und Gemüsereste, Kaffeesatz, Teebeutel, Eierschalen)
- Gartenkräuter
- Rasen-, Strauch- und Baumschnitt
- Laub und Baumrinde
- Giftpflanzen
- Kleintierkot (Pflanzenfresser)
- Pferdemist

WAS DARF NICHT AUF DEN KOMPOST?

- nicht-pflanzliche und gekochte Essensreste
- Zitrusfrüchte
- kranke Pflanzenteile
- Hunde- und Katzenkot
- Holzasche und Grillkohle
- gekaufte Schnittblumen

Nachhaltige und umweltfreundliche Gartenarbeit: Kompost verbessert die Bodenqualität und begünstigt das Wachstum der Pflanzen.

und zu viel Feuchtigkeit mitbringt. Um ihre Zersetzung zu beschleunigen, sollten Äste und Zweige von Bäumen und Sträuchern zerkleinert werden, bevor sie auf dem Komposthaufen landen.

Giftige Pflanzen sind ebenfalls kein Problem. Die Giftstoffe werden durch die Hitze, die beim Verrottungsprozess entsteht, abgebaut. Selbst Unkräuter wie Löwenzahn, Brennnesseln oder Giersch können mit auf den Komposthaufen. Damit sie sich später nicht durch die fertige Komposterde im ganzen Garten ausbreiten, sollten sie allerdings nur auf den Kompost, wenn sie entweder noch nicht blühen und noch keine Samen gebildet haben, oder zunächst getrocknet werden, damit die Samen und Wurzeln ihre Keimfähigkeit verlieren.

Laub ist grundsätzlich für den Komposthaufen geeignet. Allerdings gibt es Laub, das nur langsam verrottet. Andere Laubsorten wie Kastanien-, Walnuss- oder Eichenlaub enthalten keimhemmende Wirkstoffe, die bei einigen Pflanzen Wachstumsstörungen verursachen können.

Einige Abfälle aus dem Garten oder aus der Küche landen besser in der Biotonne. Zu den Küchenabfällen, die nicht auf den Kompost gehö-ren, zählen alle gekochten Speisen. Hier besteht die Gefahr, Ratten und Ungeziefer anzuziehen. Schale von Zitrusfrüchten gehört ebenfalls nicht auf den Kompost. Diese ist in der Regel mit umweltschädlichen Pestiziden behandelt. Das Gleiche gilt für gekaufte Schnittblumen.

Im Gegensatz zu Pflanzengiften werden Krankheitserreger durch die Verrottung häufig nicht abgetötet. Pflanzen oder Pflanzenteile, die mit Pilzkrankheiten befallen sind, gehören daher auch nicht auf den Kompost. Vorsicht ist zudem bei Holzasche geboten. Bäume speichern im Laufe ihres Lebens Schwermetalle wie Blei, Kadmium, Chrom oder Nickel, die beim Verbrennen in der Asche zurückbleiben.

AUF DIE MISCHUNG KOMMT ES AN

Damit die Umwandlung in fruchtbaren Humus möglichst schnell abläuft, kommt es auf das richtige Verhältnis zwischen Kohlenstoff und Stickstoff an. Frischer Rasenschnitt verrottet schneller als Holzhäcksel oder Stroh. Das liegt daran, dass grüne Pflanzenteile weniger Kohlenstoff enthalten als trockene. Je höher der Kohlenstoffanteil ist, desto mehr Stickstoff wird benötigt, um die Verrottung in Gang zu setzen.

Die ideale Mischung im Komposthaufen weist ein Kohlenstoff-/Stickstoff-Verhältnis von 25:1 oder weniger auf. Dieses Verhältnis wird durch die Mischung von 1/3 schwer zersetzbarem Material mit 2/3 leicht zersetzbarem Material erreicht. Alternativ kann der Zersetzungsprozess durch die Zugabe von Stickstoffdünger oder Hornspänen beschleunigt werden.

TIPP

Platzsparende Thermokomposter Eine gute Alternative für kleine Gärten oder Balkone sind Thermokomposter. Ihr Vorteil: Aufgrund der höheren Wärmeentwicklung in dem geschlossenen Behälter können die Mikroorganismen, die für die Zersetzung der organischen Materialien verantwortlich sind, effizienter arbeiten. Dadurch wird die Kompostierung erheblich beschleunigt. Gleichzeitig führen die hohen Tempraturen dazu, dass Unkrautsamen und Krankheitserreger schneller abgetötet werden.

Thermokomposter sind in verschiedenen Größen und Ausführungen erhältlich, von kleinen Behältern für den Hausgebrauch bis hin zu größeren Behältern für den Einsatz in Gemeinschaftsgärten oder landwirtschaftlichen Betrieben. Der Nachteil: Sie bestehen aus Kunststoff. Beim Kauf sollte darauf geachtet werden, dass für die Herstellung Polypropylen (PP) verwendet wurde, das ohne nennenswerten Materialverlust recycelt werden kann.

ANLEITUNG: IN WENIGEN SCHRITTEN KOMPOST HERSTELLEN

Kompost lässt sich im eigenen Garten recht einfach herstellen. Als Behälter eignen sich Metallgitter oder Komposter aus Holz. Entscheidend ist, dass die Behälter nicht komplett geschlossen sind und ausreichend Luft an das Material gelangen kann. Um den Kompost regelmäßig umzusetzen, empfiehlt es sich, zwei oder drei Komposter aufzustellen.

1 Standortwahl Ein Standort im Halbschatten sorgt dafür, dass der Kompost weder austrocknet noch Fäulnis entwickelt. Idealerweise sind die Komposter von Hecken umgeben, um den Komposthaufen vor Wind zu schützen.

2 Die richtigen Materialien Ein guter Komposthaufen besteht aus einer Mischung aus grünen und braunen Materialien. Grüne Materialien sind frische Pflanzenabfälle wie Gras- und Heckenschnitt, Obst- und Gemüsereste sowie Kaffeesatz. Braune Materialien sind trockene Blätter, Zweige, Stroh und zerkleinertes Holz. Wird das Material zerkleinert, verrottet es schneller.

3 Schicht für Schicht Die unterste Schicht besteht aus groben Materialien wie Zweigen oder Stroh, um die Belüftung zu fördern und Staunässe zu verhindern. Danach folgen abwechselnd Schichten aus grünen und braunen Materialien, bis der Komposthaufen eine Höhe von etwa einem Meter erreicht hat. Die einzelnen Schichten sollten dabei nicht höher als zwanzig Zentimeter sein.

4 Bewässern und umsetzen Für den Verrottungsprozess werden Sauerstoff und Feuchtigkeit benötigt. Entsprechend sollte der Komposthaufen feucht gehalten und regelmäßig belüftet werden. Bei Bedarf wird er gewässert. Zudem sollte er nach spätestens drei Monaten umgesetzt werden. Auf diese Weise wird die Durchlüftung des Komposthaufens gefördert.

5 Kompost verwenden Nach etwa sieben Monaten haben sich die meisten Bestandteile im Komposthaufen zersetzt. Der Kompost ist jetzt reif, und die fertige Komposterde, die riecht wie frischer Waldboden, kann als fruchtbare Humusschicht auf Anbauflächen und Beete ausgebracht werden, um die Bodenstruktur zu verbessern und das Wachstum der Pflanzen zu fördern.

Der richtige Aufbau des Komposts ist wichtig: Eine besonders gute Mischung entsteht, wenn vielfältige Abfälle kombiniert werden.

MULCH IM GARTEN: NACHHALTIGKEIT, SCHUTZ UND EINFACHE PFLEGE

Mulch schützt Pflanzen vor schädlichen Umwelteinflüssen, versorgt Pflanzen mit wertvollen Nährstoffen und macht Gärtnerinnen und Gärtnern das Leben leichter.

In der freien Natur gibt es praktisch keine nackte Erde. Der Boden ist mit Laub, abgebrochenen Zweigen, abgestorbenen Pflanzen oder einer Humusschicht bedeckt. Dadurch wird der Boden geschützt und gleichzeitig mit wertvollen Nährstoffen versorgt. Dieses Prinzip machen sich Gärtnerinnen und Gärtner mit dem Mulchen zunutze, um Pflanzen vor schädlichen Umwelteinflüssen zu bewahren.

WIRKSAMER SCHUTZ GEGEN UMWELTEINFLÜSSE

Der Boden im Garten ist verschiedenen äußeren Einflüssen ausgesetzt, die ihm schaden können. Wind und regenfreie Tage lassen den Boden austrocknen. Wird er zu trocken, kann er den Regen nicht richtig aufnehmen. Statt in der Erde zu versickern, spült der Regen die Erde fort. Dieses Szenario ist nicht neu, wird aber durch den Klimawandel, der uns immer öfter Extremwetterlagen mit großer Trockenheit oder Starkregen beschert, verstärkt. Zurück bleibt ein ausgetrockneter, verdichteter, nährstoffarmer Boden, in dem Nutz- und Zierpflanzen kaum Chancen haben, sich gut zu entwickeln. Um den Garten zu retten, ist viel Wasser, Dünger und auch Arbeit erforderlich.

BODENGESUNDHEIT FÖRDERN

Eine einfache Praxis, um den Boden vor Witterungseinflüssen zu schützen, ist das Mulchen. Im Winter isoliert eine Schicht aus Mulch den Boden und hält ihn warm. Im Sommer hält sie ihn kühl und feucht: Sie sorgt dafür, dass das Wasser im Boden nicht verdunstet, sondern gespeichert wird. So muss der Boden weniger gegossen werden. Dadurch wird er durchlässiger und kann auch bei starken Regenfällen Wasser aufnehmen und die Bodenerosion durch das Wegschwemmen von Erde verhindern.

BESTENS VERSORGT

Gleichzeitig dient das organische Material, aus dem die Mulchschicht besteht, dazu, den Boden mit wertvollen Nährstoffen zu versorgen. Der Mulch enthält Mikroorganismen, die die unverrotteten Pflanzenreste zersetzen und die darin enthaltenen Nährstoffe verfügbar machen. Auf diese Weise entsteht ein fruchtbarer Boden. Allerdings wird für die Umwandlung Stickstoff benötigt, den die Mikroorganismen dem Boden während des Zersetzungsprozesses entziehen. Damit Pflanzen in gemulchten Beeten und Anbauflächen ausreichend Nährstoffe erhalten, muss der Boden vor dem Ausbringen der Mulchschicht gedüngt werden. Am besten eignet sich hier ein Langzeitdünger, der über Wochen oder sogar Monate kontinuierlich Nährstoffe wie Stickstoff, Kalium oder Phosphat abgibt. Wer auf künstlichen Dünger verzichten möchte, verwendet einen organischen Stickstoffspender wie Hornspäne.

Eine Schicht aus Rindenmulch schützt Pflanzen vor schädlichen Umwelteinflüssen.

UNKRAUT ADE!

Mulchen dient nicht nur der Bodenbeschaffenheit, sondern erspart Gärtnerinnen und Gärtnern auch die Arbeit, ständig Unkraut jäten zu müssen. Die Mulchschicht unterdrückt das Wachstum von unerwünschtem Begleitgrün. Bevor die Mulchschicht aufgebracht wird, sollte der Boden allerdings zunächst vom Unkraut befreit und aufgelockert werden.

VORTEILE IM ÜBERBLICK

- Schutz vor der Witterung
- wirksame Isolierung
- verbessert die Bodenbeschaffenheit
- versorgt den Boden mit Nährstoffen
- spart Gießwasser
- Wiederverwertung von Gartenabfällen
- unterdrückt das Wachstum von Unkraut

WORAUS BESTEHT MULCH?

Mulch kann ganz einfach aus organischen Materialien hergestellt werden. Dazu eignen sich Gartenabfälle wie Rasen- und Heckenschnitt, Laub, Stroh oder Holzhäcksel. Der Vorteil: Wie beim Kompostieren werden organische Materialien auch beim Mulchen wiederverwertet. Statt sie zu entsorgen, bleiben sie dem Kreislauf erhalten und tragen damit zur Nachhaltigkeit im Garten bei.

Alternativ können auch Rinden- oder Lavamulch sowie Steinchen wie Kies oder Splitt eingesetzt werden. Auch sie speichern Wasser und Wärme. Allerdings haben diese Produkte aus dem Handel auch ihre Nachteile. Zerkleinerte Baumrinde, der Rindenmulch, entzieht dem Boden viel Stickstoff. Entsprechend muss hier Dünger zugesetzt werden. Lavamulch ist sehr langlebig, da er nicht verrottet. Allerdings ist er vergleichsweise teuer in der Anschaffung. Das gilt auch für Splitt und Kies, die zudem im Gegensatz zu organischen Materialien keine Nährstoffe abgeben.

Stroh verhindert, dass Erdbeeren direkten Kontakt zum feuchten Boden haben.

UNTERSCHIEDLICHE BEDÜRFNISSE

Welcher Mulch im Garten zum Einsatz kommen sollte, hängt von der Art der Pflanzen ab. Nicht jede Art von Mulch eignet sich gleich gut für alle Pflanzen. Die Verwendung des falschen Mulchs kann ihnen wertvolle Nährstoffe entziehen. Daher sollten Mulchmaterial, Pflanzen und Bodenbeschaffenheit immer aufeinander abgestimmt werden. Je schwerer der Boden, desto leichter und durchlässiger sollte der Mulch sein.

STAUDENBEETE LIEBEN RINDEN- UND PINIENMULCH

Sie schützen den Boden zuverlässig gegen Austrocknung und Erosion und geben Unkraut keine Chance. Die Rede ist von Rinden- und Pinienmulch. Im Unterschied zum „reinrassigen" Pinienmulch, der durch seine rotbraune Färbung und den Piniengeruch besticht, besteht der klassische Rindenmulch aus der Rinde verschiedener Laub- und Nadelbäume. Beide verrotten relativ langsam und versorgen den Boden mit wertvollen Nährstoffen. Allerdings entziehen sie dem Boden und damit auch den Pflanzen Stickstoff, der in Form von Dünger zugegeben werden muss. Da die Pinie kein einheimisches Gewächs ist, hat der Mulch wegen des langen Transportwegs außerdem eine schlechte CO_2-Bilanz. Nichtsdestotrotz lieben Staudenbeete, Hortensien, Rhododendren oder Farne

diese Art von Mulch. Ebenso wie Schnecken. Entsprechend eignen sich Rinden- und Pinienmulch nicht für Gemüse- oder Beerenbeete.

HOLZHÄCKSEL ALS KOSTENGÜNSTIGE ALTERNATIVE

Holzschnittgut fällt regelmäßig in nahezu jedem Garten an. Statt also Geld für Mulch aus dem Handel auszugeben, lässt es sich mit gehäckselten Ästen und Zweigen kostenlos und zugleich nachhaltig mulchen. Holzhäcksel verrotten ebenfalls langsam, versorgen den Boden mit Nährstoffen – und entziehen ihm Stickstoff. Entsprechend ist auch hier eine zusätzliche Stickstoffdüngung erforderlich. Die zerkleinerten Holzreste eignen sich ebenfalls zum Mulchen von Staudenbeeten.

GEMÜSE UND BEEREN BEVORZUGEN LAUB

Laub steht besonders im Herbst kostenlos und in rauen Mengen zur Verfügung und kann ebenfalls zum Mulchen verwendet werden. Ein besonderer Vorteil ist seine Fähigkeit, kälteempfindliche Pflanzen im Winter gegen Frost zu schützen. Laub eignet sich hervorragend, um Stauden-, Gemüse- und Obstbeete zu mulchen. Insbesondere Waldpflanzen wie Himbeeren oder Erdbeeren fühlen sich mit Mulch aus Laub wie zu Hause. Allerdings eignet sich nicht jedes Laub zum Mulchen. Manche Laubblätter enthalten Stoffe, die das Wachstum der bedeckten Pflanzen beeinträchtigen können. Für die perfekte Schutzwirkung und einen hohen Ertrag ist also die Wahl der richtigen Blätter entscheidend. Zudem sollten nur gesunde Blätter zum Mulchen verwendet werden.

EIN ZWEITES LEBEN

Wie das Laub ist auch Rasenschnitt in den meisten Gärten in großen Mengen vorhanden. Er eignet sich hervorragend zur Wiederverwertung im Garten, um Beete mit jungen Gemüsepflanzen zu mulchen. Allerdings sollte der Rasenschnitt vor der Verwendung als Mulch getrocknet werden und nur in dünnen Schichten im Beet ausgebracht werden, da sich dort sonst Fäulnis bilden kann. Gemischt mit Stroh, wird eine Mulchschicht aus Rasenschnitt optimal belüftet.

Eine Mulchschicht aus Laub schützt den Kohlrabi.

EINE SAUBERE SACHE

Im Staudenbeet sowie bei Gemüse und Beeren wird auch gerne Stroh zum Mulchen verwendet. Es bringt die gleichen schützenden Eigenschaften mit und sorgt für einen nährstoffreichen Boden. Gleichzeitig hält ein Bett aus zerkleinertem Stroh insbesondere Beeren und Gemüse, die dicht am Boden wachsen, trocken und schön sauber und schützt sie damit vor Pilzbefall. Wer sich für Stroh als Mulchmaterial entscheidet, sollte darauf achten, nur unbehandeltes Stroh zu verwenden.

VORSICHT BEI JUNGPFLANZEN

Auch Tannennadeln eignen sich als Mulchmaterial. Aufgrund ihres niedrigen pH-Werts bieten sie sich als Mulchmaterial für Gemüsebeete an, sofern der Boden an sich nicht zu sauer ist. Tannennadeln enthalten zudem auch flüchtige organische Substanzen (Terpene), die die Keimung anderer Pflanzen unterdrücken. Das sorgt zum einen für ein unkrautfreies Beet. Andererseits wirkt sich dieser Effekt aber auch auf Sämlinge aus und hemmt deren Entwicklung zum kräftigen und gesunden Setzling.

RICHTIG MULCHEN

Unabhängig von der Wahl des Materials müssen Beete und Anbaufläche vor dem Mulchen vorbereitet werden. Der Boden wird zunächst aufgelockert und vom Unkraut befreit. Anschließend wird ein Langzeitdünger in die Erde eingearbeitet und der Mulch locker auf dem Boden verteilt. Die Schicht sollte dabei nicht zu dick sein. Der Platz direkt um die Pflanzen herum wird ausgespart, damit sie ausreichend Luft bekommen und sich keine Fäulnis bildet.

Die Mulchschicht kann zu jeder Jahreszeit aufgebracht werden und verbleibt über die gesamte Gartensaison im Beet. Unkraut, das sich seinen Weg durch die Mulchschicht bahnt, wird regelmäßig entfernt. Ist der Mulch verrottet, wird die Schicht erneuert. Beete mit frischer Aussaat werden erst gemulcht, wenn sich kräftige Jungpflanzen gebildet haben.

SCHÄDLINGSBEKÄMPFUNG: NATÜRLICHE LÖSUNGEN FÜR NACHHALTIGES WACHSTUM

Schädlinge sind Teil des natürlichen Kreislaufs. Welche natürlichen Mittel und Wege gibt es, um die Ernte im urbanen Gartenbau vor Fressfeinden zu schützen?

Ganz ohne Schädlinge, die sich über unser Obst und Gemüse sowie Zierpflanzen hermachen, geht es leider nicht. Allerdings hat sich die Natur für jeden Schädling einen Nützling ausgedacht, der ihn daran hindert, sich ungestört über unsere Ernteerträge herzumachen. Voraussetzung für dieses Gleichgewicht ist jedoch ein gesunder Garten. Faktoren wie Standort, Klima, Nährstoff- und Wasserzufuhr, Saat-, Pflanz- und Erntezeiten, Kulturfolge und viele weitere haben einen Einfluss auf die Pflanzengesundheit. In diesem Zusammenhang entscheiden auch die Förderung der Biodiversität sowie das Anlegen von Mischkulturen über eine effektive und nachhaltige Schädlingsbekämpfung in urbanen Gärten.

MISCHKULTUREN ANLEGEN

Wachsen verschiedene Pflanzenarten auf engem Raum zusammen, kann diese Mischkultur das Auftreten von Schädlingen verringern. Manche Pflanzenarten verfügen über natürliche Abwehrmechanismen gegen Schädlinge. Andere werden sogar von Ungeziefer vermieden. Werden diese Pflanzen geschickt miteinander kombiniert, kann die Anfäl-

ligkeit aller Pflanzen im Garten reduziert werden. So sind beispielsweise Tomate und Basilikum nicht nur auf dem Teller, sondern auch im Beet eine unschlagbare Kombination: Basilikum kann den Befall von Blattläusen auf Tomaten reduzieren.

BIODIVERSITÄT FÖRDERN

Schädlinge gibt es in jedem Garten. Aber ein gesunder Garten mit einer breiten Vielfalt an Pflanzen und unterschiedlichen Lebensräumen zieht auch zahlreiche Nützlinge an, die in der Lage sind, die Schädlinge in Schach zu halten. Zum Beispiel ernähren sich Marienkäfer von Blattläusen, während Spinnen Schädlinge wie Fliegen, Mücken und andere Insekten fangen. Neben Insekten können auch größere Tiere bei der Schädlingsbekämpfung unterstützen. Igel ernähren sich beispielsweise von Nacktschnecken, Singvögel von Insekten, und Greifvögel befreien den Garten von Wühlmäusen.

Eine vielfältige Umgebung fördert die Ansiedlung nützlicher Organismen und sorgt dafür, dass Nützlinge sich heimisch fühlen. Ein Garten sollte daher eine Vielfalt an unterschiedlichen Pflanzen

Diese Radieschen sind vermutlich Nacktschnecken zum Opfer gefallen.

sowie unterschiedliche Lebensräume wie Blumenbeete, Hecken, Obstbäume, Gemüsebeete, Rasen, Totholz oder auch Insektenhotels aufweisen.

EINSATZ VON NATÜRLICHEN SCHÄDLINGSBEKÄMPFERN

Es gibt eine Vielzahl natürlicher Schädlingsbekämpfer, die gezielt eingesetzt werden können, um Schädlinge zu kontrollieren. Nützlinge wie Florfliegenlarven, Schlupfwespen oder Raubmilben lassen sich gezielt in den Garten einbringen, um bestimmte Schädlinge zu bekämpfen. Diese Organismen sind in der Regel harmlos für den Menschen und können eine effektive Kontrolle bieten, ohne dass chemische Pestizide eingesetzt werden müssen.

SCHÄDLINGE UND NÜTZLINGE IN HAMBURGS GÄRTEN

In Hamburgs Gärten können verschiedene Schädlinge auftreten. Je früher sie erkannt werden, desto besser, um geeignete Maßnahmen zu ergreifen und ihre Ausbreitung zu verhindern. Nachhaltige und umweltfreundliche Methoden wie der Einsatz von Nützlingen helfen, die Pflanzen zu schützen und die Balance im Garten zu erhalten.

Apfelwickler Dieser Schmetterling legt seine Eier auf jungen Früchten ab. Schlüpfen die Larven, bohren sie sich in die Früchte und zerstören die Apfelernte. Zur Vorbeugung werden Nematoden eingesetzt, die die Larven fressen.

Blattläuse Sie ernähren sich vom Saft zahlreicher Pflanzen. Den darin enthaltenen Zucker scheiden sie als Honigtau aus, der die Blätter verklebt. Sie ernähren sich bevorzugt von jungen, geschwächten oder sehr stark mit Stickstoff versorgten Pflanzen. Vorbeugend wirkt eine angemessene Düngung. Bei einem Befall sollten Marienkäfer, Flor- und Schwebfliegen sowie Schlupfwespen gefördert werden.

Gemüsefliegen Die Larven der Gemüsefliegen fressen sich durch Blätter, Stängel und Frucht der Pflanzen. Den Befall kann die Mischkultur eindämmen: Die Zwiebelfliege mag keine Möhren, die Möhrenfliege keine Zwiebeln. Wachsen die beiden nebeneinander im Beet, bleiben die Schädlinge fern.

Pflaumenwickler Die Eier des Schmetterlings werden an den Früchten von Pflaumen-, Zwetschen- und Mirabellenbäumen abgelegt. Die Raupen bohren sich in die Früchte, schädigen die Ernte aber kaum, da die befallenen Früchte mit dem soge- nannten Junifruchtfall abgeschüttelt werden. Die Raupen verpuppen sich und befallen als Schmetterling die reifen Früchte. Vorbeugend wird der Junifruchtfall aufgesammelt, um die Entwicklung zu stören. Als Nützlinge können Schlupfwespen eingesetzt werden, die die Eier des Pflaumen- wicklers fressen.

Schnecken Insbesondere die Nacktschnecke sorgt in vielen Gär- ten für erhebliche Schäden an zahl- reichen Pflanzen. Bevorzugt nachts frisst sie sich durch Obst, Gemüse und Zierpflanzen und hinterlässt eine schleimige Spur. Natürlicher Fressfeind der Nacktschnecke sind Laufenten. Ackerschnecken können zudem mit Nematoden bekämpft werden.

Wühlmäuse Sie fressen sich un- terirdisch durch die Pflanzenwurzel junger Bäume und Blumenzwiebeln. Geschädigte Pflanzen treiben nicht mehr aus, sind geschwächt oder fallen sogar um. Natürliche Fressfein- de sind Greifvögel und Wiesel. Um Greifvögel in den Garten zu locken, können Sitzstangen im Garten aufge- stellt werden.

Apfelwickler (Cydia pomonella)

Spanische Schnecke (Arion vulgaris)

Feldmaus (Microtus arvalis)

Florfliegen Sie halten Blattläuse, Spinnmilben, Thripse und Raupen in Schach.

Laufkäfer Auf ihren nächtlichen Spaziergängen vertilgen sie Schneckeneier, Kartoffelkäferlarven, Drahtwürmer, Läuse und Milben.

Marienkäfer Die ausgewachsenen Käfer und ihre Larven haben den Blattläusen den Kampf angesagt – die Nachkommen eines einzigen Marienkäfers können im Laufe eines Sommers bis zu 100 000 Blattläuse fressen. Einige Marienkäferarten fressen zudem Mehltau.

Schlupfwespen Sie parasitieren Blattläuse, Minierfliege oder Apfelwickler und halten dadurch die Ausbreitung im Zaum.

Nematoden Die Fadenwürmer werden gegen die Larven von Schnecken, Dickmaulrüssler, Engerlingen und den Apfelwickler eingesetzt.

Raubmilben Sie bringen in der ökologischen Landwirtschaft und im ökologischen Weinanbau andere Milben wie die Spinnmilben oder Kräuselmilben unter Kontrolle.

Spinnen Die Kreuzspinne frisst im Altweibersommer täglich Insekten in Menge ihres eigenen Körpergewichts. Damit ist sie neben Vögeln der wichtigste Feind der Insekten und trägt maßgeblich zum Erhalt des ökologischen Gleichgewichts bei.

REGELMÄSSIGE PFLEGE UND ÜBERWACHUNG

Regelmäßige Pflege des Gartens und Kontrolle der Pflanzen sind entscheidend, um frühzeitig auf einen Schädlingsbefall reagieren zu können. Durch regelmäßiges Entfernen von Unkraut und befallener Pflanzenteile oder die Zugabe natürlicher Düngemittel werden die Gesundheit der Pflanzen und ihre Widerstandsfähigkeit gegen Schädlinge gestärkt. Gleichzeitig dämmt die Förderung von Nützlingen im Garten die Populationen der Schädlinge ein, sorgt für ein natürliches ökologisches Gleichgewicht und macht dadurch den Einsatz umweltschädlicher chemischer Mittel überflüssig.

ORGANISCHE PRÄPARATE ZUR SCHÄDLINGSBEKÄMPFUNG

Kommt es trotz vorbeugender Maßnahmen, sorgfältiger Pflege, Biodiversität und Mischkultur zur Ausbreitung eines Schädlingsbefalls, sollten bei der Bekämpfung organische Präparate bevorzugt werden. Es gibt verschiedene biologische Mittel, die auf natürlichen Substanzen basieren wie

- Rapsöl
- Nematoden
- Kaliseife
- Neemöl
- Pyrethrum
- Eisen-III-Phosphat
- das Bakterium „Bacillus thuringiensis", das den Darm von Schädlingen zerstört

Diese Mittel sind im Vergleich zu synthetischen Pestiziden umweltfreundlicher, schaden weder Pflanzen, Menschen noch Haustieren und sind weniger schädlich für Nützlinge. Dennoch sollte auch ihre Verwendung mit Bedacht und nur bei Bedarf erfolgen.

EIN HOCHBEET ANLEGEN

*Hochbeete bieten optimale Bedingungen für Pflanzen-
wachstum, Schutz vor Schädlingen und erfordern nur
einen geringen Pflegeaufwand. Standort, Materialwahl und
Schichtaufbau sind entscheidend bei der Anlage.*

Der neue Panass-Platz in Eimsbüttel ohne Parkflächen, dafür mit Hochbeeten

Ein Hochbeet hat einiges zu bieten. Es begünstigt das Wachstum von Gemüse und Kräutern, da sich der Boden schneller erwärmt und sehr aktiv ist. Zudem sind die Pflanzen im Hochbeet besser vor Schädlingen wie Schnecken oder Wühlmäusen geschützt. Ein weiterer Vorteil ist, dass das Hochbeet besonders pflegeleicht ist: Es wächst weniger Unkraut, der Boden muss nicht erst umgegraben werden und die Höhe des Beetes schont den Rücken bei der Gartenarbeit.

Wer ein Hochbeet bauen möchte, braucht auch nicht unbedingt einen eigenen Garten. Ist ausreichend Platz vorhanden, ist das Hochbeet auch im Balkongarten eine gute Möglichkeit, um Gemüse und Kräuter anzupflanzen. Im Baumarkt gibt es fertige Hochbeete aus Holz, Plastik oder Metall zu kaufen. Wer es lieber individuell mag, baut sich sein Hochbeet selbst aus Holz oder Steinen. Der Vorteil: Die Größe des Hochbeets kann an den vorhandenen Platz und an die optimale Arbeitshöhe angepasst werden.

> „Wer es individuell mag, baut sich sein Hochbeet selbst aus Holz oder Steinen."

WAS DARF'S SEIN?

Um ein eigenes Hochbeet zu bauen, ist zunächst ein wenig Planung erforderlich: Wie groß soll es sein, welches Material soll verwendet werden, wo soll es aufgebaut werden und was soll im Beet gepflanzt werden?

Am besten eignet sich ein sonniger Standort. Bei einer Nord-/Südausrichtung werden die Pflanzen optimal mit Licht versorgt. Idealerweise befindet sich ein Wasseranschluss in der Nähe, um das Beet regelmäßig zu bewässern. Reicht die Länge des Gartenschlauchs nicht aus, wird das Gießen mit der Gießkanne ein bisschen mühsamer. Da Pflanzen im Hochbeet mehr Wasser benötigen als im Freiland, kann auch eine Bewässerungsanlage sinnvoll sein. Um den Standort für das Hochbeet vorzubereiten, wird im Garten die Grasnarbe in Form eines Rechtecks in der gewünschten Größe des Hochbeets abgetragen.

SELBST GEBAUT!

Ist der perfekte Standort gefunden und vorbereitet, geht es weiter mit der Materialauswahl. Am einfachsten geht es mit Holz — obwohl dies mit der Zeit morsch wird und je nach verwendeter Art nach fünf bis zehn Jahren erneuert werden muss. Im Freiland wird für die Abmessungen eine Breite von maximal 1,30 Metern und eine Länge von zwei Metern empfohlen. Die Höhe richtet sich nach der eigenen Körpergröße.

Ein Hochbeet für den Balkongarten oder die Terrasse fällt je nach vorhandenem Platz meist kleiner aus. Idealerweise steht es auf Rollen, sodass es flexibel bewegt werden kann.

MATERIALLISTE

- Holzbretter für die Seiten (z. B. Lärche oder Douglasie, 35 mm dick)
- 4-6 Holzpfosten (80 x 80 mm)
- Maschendrahtzaun (ca. 10 mm Maschen)
- Teich- oder Noppenfolie
- Holzschrauben

BAUEN — STEP-BY-STEP

1 Einfach die Bretter auf das gewünschte Maß zurechtsägen.

2 Für die Ecken werden Stützpfeiler verwendet, an denen die Bretter verschraubt werden. Zwischen den Brettern werden zwei bis drei Millimeter breite Fugen gelassen, die die Belüftung des Holzes sowie die Verdunstung von Kondenswasser sicherstellen.

3 Um das Hochbeet vor ungebetenen Besuchern zu schützen, wird auf der Grundfläche ein Drahtgitter ausgelegt und an den untersten Brettern festgetackert.

4 Anschließend werden die Innenwände des Hochbeets mit einer Teich- oder Noppenfolie verkleidet, um das Holz vor Fäulnis zu schützen. Zudem hält die Folie das Wasser im Boden und schützt das Beet vor dem Austrocknen.

5 Zum Schluss bekommt das Beet für die Optik und zum Ablegen von Gartenwerkzeugen noch einen waagerechten Abschlussrahmen. Ist die Holzkonstruktion so weit vorbereitet, geht es weiter mit der Befüllung des Hochbeets.

SCHICHT UM SCHICHT

Um den optimalen Nährboden für die Pflanzen zu schaffen, wird das Hochbeet in Schichten mit unterschiedlichen Materialien befüllt.

Wer Kräuter oder Gemüse selbst aussät, entscheidet sich für Aussaaterde, die Samen und Stecklingen optimale Keim- und Wachstumsbedingungen bietet. Sie ist leichter und luftiger als Hochbeeterde und speichert viel Wasser, sodass die Pflanzen optimal mit Wasser und Sauerstoff versorgt werden. Zudem ist Aussaaterde weitestgehend frei von Keimen und enthält weniger Nährstoffe – zum einen werden die empfindlichen Keimlinge, die noch keine ausreichenden Abwehrkräfte entwickelt haben, vor Schimmel und Pilzbefall geschützt. Zum anderen zwingt die Nährstoffarmut sie dazu, sich stärker auf Nahrungssuche zu begeben, wodurch sie große und starke Wurzeln ausbilden.

Einmal aufgefüllt, muss das Hochbeet nicht umgegraben werden. Allerdings sacken die Schichten durch Verrottung jedes Jahr bis zu zwanzig Zentimeter ab. Vor Beginn der neuen Pflanzsaison im Frühjahr wird die Erde entsprechend aufgefüllt. Für optimale Bedingungen werden die Schichten etwa alle fünf Jahre komplett erneuert.

BEFÜLLEN — STEP-BY-STEP

1 Die unterste Schicht besteht aus grobem Material wie geschichteten kleinen Zweigen. Diese sorgen für eine gute Durchlüftung und erfüllen die Funktion einer Drainage.
2 Die zweite Schicht besteht aus grünen Gartenabfällen und Rasenschnitt.

3 Die dritte Schicht bildet der Kompost, der aus halbzersetzten Gartenabfällen und Bioabfällen besteht.
4 Ein Bodenaktivator, der aus organischen Substanzen, Tonteilchen und zermahlenem Mineralgestein besteht, sorgt als vierte Schicht dafür, dass die Bodenqualität verbessert wird.

5 Die fünfte und letzte Schicht bildet die Pflanzerde. Wer junge Kräuter und Gemüsepflanzen einpflanzt, verwendet spezielle Hochbeeterde.

Damit Kürbis, Fenchel und Radieschen gedeihen, brauchen sie ausreichend Platz und die richtigen Nachbarn im Beet.

PFLANZPLAN ERSTELLEN

Der Pflanzplan bildet die Grundlage für die Bepflanzung des Hochbeets. Hier geht es zum einen um die Platzfrage: Die Pflanzen im Hochbeet brauchen ausreichend Abstand, damit sich die Wurzeln und Blätter optimal entwickeln können. Fast noch wichtiger als der Platz ist die Nachbarschaft im Beet. Die verschiedenen Gemüsearten und Kräuter brauchen unterschiedliche Boden-, Wasser- und Lichtbedingungen. Starkzehrer wie Kartoffeln oder Tomaten benötigen mehr Dünger als Schwachzehrer wie Salat, Radieschen oder Kräuter. Einige wachsen sehr schnell und können mehrmals im Jahr gepflanzt und geerntet werden. Andere blockieren das Beet über die gesamte Gartensaison. Und wieder andere können sich schlicht und einfach nicht leiden. Das hat zur Folge, dass sie sich gegenseitig am Wachstum hindern, indem sie die Nährstoffaufnahme des jeweils anderen behindern oder Schädlinge anziehen. Die Auswahl will also gut überlegt sein.

Entweder richtet man sich nach dem Nährstoffbedarf. Hier wird zwischen Starkzehrern, die große Mengen Nährstoffe brauchen, Mittelzehrern und Schwachzehrern, die sich mit wenig zufriedengeben, unterschieden. Hier ein paar Beispiele:

STARKZEHRER

- Brokkoli
- Gurken
- Kartoffeln
- Kohl
- Kürbis
- Lauch
- Paprika
- Tomaten
- Zucchini

MITTELZEHRER

- Fenchel
- Karotten
- Mangold
- Rote Bete
- Spinat

SCHWACHZEHRER

- Bohnen
- Erbsen
- Feldsalat
- Kräuter
- Radieschen
- Zwiebeln

> „Basilikum verleiht Tomaten einen würzigen Geschmack und dient als natürlicher Schutz vor Insekten."

Alternativ setzen Hobby-Gärtnerinnen und -Gärtner auf Mischkulturen, die sich beim Wachstum gegenseitig unterstützen. Die folgenden Gemüse und Kräuter können gut zusammen im Hochbeet angepflanzt werden:

- Tomaten und Basilikum: Sie schmecken nicht nur gut zusammen, sondern tun sich gegenseitig gut. Das Basilikum verleiht den Tomaten einen würzigen Geschmack und dient als natürlicher Schutz vor Insekten.
- Radieschen und Möhren: Sie wachsen beide schnell und können mehrfach im Gartenjahr gepflanzt und geerntet werden.
- Zwiebeln und Brokkoli: Die Zwiebel schützt den Brokkoli vor Schädlingen. Der Brokkoli revanchiert sich dafür bei der Zwiebel und reichert den Boden mit Nährstoffen an.
- Salat und Spinat: Sie bevorzugen gleiche Boden- und Lichtbedingungen und zählen beide zu den schnell wachsenden Pflanzen.
- Paprika und Petersilie: Die Petersilie dient der Paprika als natürliche Abwehr gegen Schädlinge und verbessert ihre Nährstoffaufnahme.

Gemüse, die aus der gleichen Pflanzenfamilie stammen, passen häufig nicht zusammen. Es gilt: Je näher Pflanzen miteinander verwandt sind, desto weniger eignen sie sich als Nachbarn und sollten nicht nebeneinander gepflanzt werden. Knoblauch und Zwiebeln streiten sich zum Beispiel quasi um die gleichen Nährstoffe und behindern dadurch das Wachstum des jeweils anderen. Gleichzeitig sind sie häufig für den Befall durch die gleichen Pflanzenkrankheiten oder Schädlinge anfällig. Sind beispielsweise Kartoffeln von der Verticillium-Welke, einem Bodenpilz, befallen, übertragen sich die Sporen auf die Tomate, die aus der gleichen Pflanzenfamilie stammt.

TOMATEN PFLANZEN IM TOMATENHAUS

Die Tomate ist von unserem Speiseplan gar nicht wegzudenken. Ob einfach so zum Wegnaschen, im Salat, auf Brot oder passiert als Basis für Suppen und Soßen: Tomaten gehen immer und sollten in keinem Garten fehlen!

Es gibt viele verschiedene Sorten in den unterschiedlichsten Formen, Größen und Farben: Das Farbspektrum reicht von Gelb über Orange und Rot bis hin zu Violett und sogar Schwarz. So verschieden das Aussehen, so vielfältig sind die Geschmacksrichtungen und die Art der Verwendung.

GARTENLIEBLING

Kein Wunder also, dass die Tomate in so vielen Gärten angebaut wird. Allerdings benötigt die Tomate besondere Bedingungen, um sich gut zu entwickeln, und will gut gepflegt werden.

Tomaten können im Freiland, im Hochbeet oder in Töpfen und Kübeln gepflanzt werden. Um Staunässe zu vermeiden, sollten Pflanzgefäße auf jeden Fall Löcher im Boden haben, damit Wasser gut abfließen kann. Tomaten benötigen einen durchlässigen, nährstoffreichen Boden und bevorzugen einen sonnigen, warmen Standort, der vor Wind und Regen geschützt ist. Idealerweise stehen sie überdacht und dicht am Haus, in einem Gewächshaus oder im Tomatenhaus.

Wer es einfach mag, greift auf vorgezogene Tomatenpflanzen aus dem Fachhandel zurück. Alternativ werden Tomatensamen vorgezogen und später als Jungpflanzen ausgepflanzt. Das Saatgut kann entweder aus der vorherigen Ernte gewonnen oder im Fachhandel bezogen werden. Es sollten dabei nur samenfeste Sorten verwendet werden. Das bedeutet, dass die Ernte die gleichen Eigenschaften in Geschmack und Widerstandsfähigkeit aufweist wie die Mutterpflanze.

Im selbst gebauten Tomatenhaus herrschen optimale Bedingungen.

TOMATENSORTEN

1 Cocktail- oder Cherry-Tomaten kleine, süße Tomaten, die in Salaten oder als Snack gegessen werden

2 Roma-Tomaten längliche Tomaten mit einer fleischigen Konsistenz und einem milden, süßen Geschmack, die oft in Salaten und Sandwiches verwendet werden

3 Beefsteak-Tomaten große, fleischige Tomaten mit einem kräftigen, würzigen Geschmack, die oft zum Grillen oder Braten verwendet werden

4 Strauchtomaten mittelgroße, saftige Tomaten, die in vielen verschiedenen Gerichten verwendet werden können

5 San-Marzano-Tomaten längliche, fleischige Tomaten mit einem süßen, würzigen Geschmack, die oft in der italienischen Küche verwendet werden, insbesondere für Tomatensoßen und Pizza

6 Kumato kleinere, dunkelbraune Tomaten, die einen süßen, leicht würzigen Geschmack haben und oft roh oder als Beilage verwendet werden

5

3

6

1 + 2

4

Nach und nach reifen die Tomaten und landen erntefrisch auf dem Tisch.

DIE AUSSAAT

Der ideale Zeitpunkt, um Tomaten auszusäen, ist der März. Allerdings benötigen sie Wärme und Feuchtigkeit, um zu keimen.

- Das Saatgut wird zunächst in Anzuchttöpfen auf der Fensterbank oder in einem Gewächshaus ausgesät und dabei mit einer Saattiefe von bis zu einem Zentimeter in Aussaaterde eingepflanzt. Je nach Sorte sind nach 10 bis 14 Tagen Keimdauer die ersten Keimlinge in Sicht.
- Je größer die Pflänzchen werden, desto mehr Platz benötigen sie. Haben sie die ersten Keimblätter entwickelt, ziehen sie zunächst von der Aussaatschale in Töpfe um. Fachleute sprechen hier vom Pikieren. Das heißt, die Keimlinge werden mit einem Pikierstab oder alternativ mit einem Kugelschreiber vorsichtig aus der Aussaatschale gelöst.
- Anschließend werden die Wurzeln um etwa ein Viertel gekürzt, bevor sie in größere Töpfe mit neuer Erde gesetzt werden. Die Keimblätter sollten so tief wie möglich sitzen, ohne dabei mit Erde bedeckt zu werden.
- Die Tomatenpflanzen sind sehr frostempfindlich und sollten erst Mitte Mai – nach den Eisheiligen – ins Freiland gepflanzt werden. Gibt es doch noch einmal Frost, werden die Pflanzen mit einem Vlies vor Frost geschützt.

UMZUG INS TOMATENHAUS

Am wohlsten fühlen sich Tomaten hier im Norden sicher im Gewächshaus. Alternativ schützt auch ein Tomatenunterstand vor Wind und Regen: schnell ein paar Holzleisten zusammenbauen, das Gerüst mit Folie überziehen – fertig. Jetzt noch den Boden bereiten, und die Pflänzchen können einziehen.

- Da Tomaten zu den Starkzehrern zählen, wird die Erde mit frischem Kompost oder einem speziellen Gemüse- oder Tomatendünger angereichert.
- Die Jungpflanzen werden mit einem Abstand von sechzig bis achtzig Zentimetern eingepflanzt.
- Damit das Wasser nicht direkt auf die Wurzel geht, wird neben jede Tomatenpflanze ein kleines Wassertöpfchen gesetzt, über das die Pflanze gegossen wird.
- Tomaten wollen hoch hinaus. Damit sie später, wenn sie Früchte tragen, nicht abknicken, benötigen sie eine Stütze. Am besten eignen sich hier spiralförmige Metallstangen, um die die Tomatenpflanze vorsichtig herumgewickelt wird. Alternativ können stabile Stangen oder auch Schnüre verwendet werden.

TOMATEN WOLLEN GEPFLEGT WERDEN

Die Pflanzen müssen regelmäßig gewässert werden, damit der Boden und die Pflanze nicht austrocknen. Die kleinen Töpfchen sorgen dafür, dass die Pflanze immer von unten gegossen wird. Gleichzeitig geben sie ein gutes Maß für die richtige Menge Wasser: Einmal bis oben vollgießen ist ausreichend. Die Blätter sollten vor Spritznässe geschützt werden, da sie ansonsten verfaulen. Über Nacht wird die Plane geschlossen, um die Pflanzen vor Kälte zu schützen. Bei Regen schützt die Plane zudem vor Wasser: Gelangt Wasser auf die Früchte, platzen sie.

Mit einem Tomatenhaus haben wir schon mal gute Voraussetzungen für eine reichhaltige Tomatenernte geschaffen. Der Ertrag lässt sich mit ein paar einfachen Tricks aber noch verbessern. Um das Wachstum und die Fruchtentwicklung der Tomatenpflanze zu fördern, werden die Seiten- oder Geiztriebe entfernt. Diese kleinen Stängel, die sich zwischen dem Hauptstängel und den Blattstielen bilden, tragen meist keine Blüten oder Früchte, rauben der Pflanze aber wertvolle Kraft. Werden diese Triebe entfernt oder ausgegeizt, kann die Pflanze alle Energie in den Hauptstängel, die Blätter und Früchte investieren. Je früher die Geiztriebe entfernt werden, desto besser. Sie werden mit einer Schere oder einem Messer vorsichtig abgeschnitten, ohne die Pflanze zu verletzen.

BEREIT ZUM VERZEHR

Je nach Sorte sind die Tomaten ab Juli erntereif. Eine reife Tomate ist nicht mehr grün und fühlt sich weich an, wenn man sie leicht drückt. Am besten werden Tomaten früh morgens geerntet, wenn sie noch kühl sind – dann halten sie sich länger frisch. Um zu vermeiden, dass die Früchte von Schädlingen oder Krankheiten befallen werden, können sie auch geerntet werden, bevor sie vollständig ausgereift sind. Zum Nachreifen werden sie in Zeitungspapier eingewickelt und bei Zimmertemperatur trocken gelagert. Sie sollten nicht im Kühlschrank aufbewahrt werden, da sie hier ihren Geschmack verlieren.

TIPP

Tomaten vermehren Wer eine Tomatensorte gefunden hat, die besonders lecker ist, kann aus der Ernte Samen für die nächste Pflanzsaison gewinnen. Wichtig ist, dass es sich bei den Tomaten um eine samenfeste Sorte handelt. Die Samen werden mit einem Löffel entfernt, in eine Schale gelegt und mit Wasser bedeckt für zwei bis drei Tage an einen warmen Ort gestellt. Die Mischung muss ab und zu umgerührt werden, um Schimmelbildung zu vermeiden. Der Tomatensamen ist mit einer Gelschicht umgeben. Diese Schicht löst sich im Wasser langsam auf. Die Samen werden mit Wasser abgespült, um das Gel vollständig zu entfernen. Danach werden sie auf einem Papiertuch getrocknet. Sind sie vollständig trocknen, werden sie in einem kleinen Papiertütchen bis zum nächsten Jahr aufbewahrt.

Ausreizen: Die kleinen Seitentriebe werden entfernt, damit Hauptstängel, Blätter und Früchte sich optimal entwickeln können.

EINEN KRÄUTERGARTEN ANLEGEN

Ein Kräutergarten sieht nicht nur schön aus. Er duftet auch herrlich. Und liefert jederzeit frische Kräuter. Und das nicht nur für die Küche: Viele Kräuter haben auch eine heilende Wirkung.

Kräuter wollen regelmäßig geschnitten werden.

was man gerade braucht, und das Essen mit frischen Kräutern verfeinern.

Entscheidend ist, dass die Kräuter in nährstoffreicher Erde gepflanzt, regelmäßig gegossen und gedüngt werden, Wasser gut abfließen kann und sie ausreichend Sonnenlicht abbekommen. Kräuter benötigen täglich etwa mindestens fünf Stunden Sonnenlicht, um ihre Aromastoffe auszubilden. Darüber hinaus gibt es beim Anlegen und der Pflege eines Kräutergartens ein paar einfache Regeln zu beachten, damit die Kräuter optimal wachsen und gedeihen.

Die einen mögen es eher schattig und benötigen viel Wasser. Andere genießen die pralle Sonne und bevorzugen trockene Böden. Im ersten Moment mag es ein wenig aufwendig klingen: Aber die Auswahl der Kräuter, die Berücksichtigung unterschiedlicher Bedürfnisse und der richtige Standort im Beet erfordern zunächst eine gute Planung.

DIE AUSWAHL DER PASSENDEN KRÄUTER

Erlaubt ist alles, was schmeckt – oder heilt. Grundsätzlich gilt, dass einjährige und mehrjährige Kräuter nicht vermischt werden sollten. Während einjährige

Ein Kräutergarten kann im Freiland, im Hochbeet, im Balkongarten oder auch in den eigenen vier Wänden in kleinen Töpfen angelegt werden. Die Klassiker wie Petersilie, Dill, Minze, Salbei, Basilikum, Rosmarin, Thymian und Oregano dürfen natürlich nicht fehlen. Kombiniert mit Rauke eine perfekte Auswahl für den Küchengarten: Terrassentür auf, jederzeit ernten,

Bestens ausgestattet: Die Kräuter landen
direkt aus dem Beet frisch in der Küche.

EINJÄHRIGE KRÄUTER

- Basilikum
- Bohnenkraut
- Dill
- Gartenkresse
- Kerbel
- Koriander
- Majoran

MEHRJÄHRIGE KRÄUTER

- Bärlauch
- Estragon
- Liebstöckel
- Minze
- Petersilie
- Schnittlauch
- Rucola

Kräuter schnell wachsen und einen hohen Bedarf an
Nährstoffen haben, wachsen mehrjährige Kräuter
langsamer und benötigen häufig weniger Wasser und
Dünger. Werden sie zusammengepflanzt, kann ihr
Wachstum aufgrund ihrer unterschiedlichen Bedürf-
nisse beeinträchtigt werden.

Rosmarin, Thymian, Basilikum, Oregano, Salbei, Minze und Lavendel zählen zu den mediterranen
Kräutern, die in keinem Kräutergarten fehlen sollten. Sie stammen aus dem Mittelmeerraum und sind

bekannt für ihren intensiven Duft und Geschmack.
Mit Ausnahme des Basilikums sind dies alles mehrjährige Kräuter, die aufgrund gleicher Wachstumsbedingungen zusammen im Kräutergarten gepflanzt
werden können. Sie gedeihen am besten an einem
warmen, sonnigen, windgeschützten Standort auf
kiesigem Boden. Um Staunässe und Wurzelfäule zu
vermeiden, benötigen sie mäßig Wasser und eine
gute Drainage. Da sie in ihrer Heimat oft in kargen
Böden wachsen, wird nur wenig Dünger gebraucht.

Heimische Kräuter wie Schnittlauch, Petersilie,
Kerbel, Bärlauch oder Kresse dagegen bevorzugen
feuchte, nährstoffreiche Böden. Sie benötigen ausreichend Licht, kommen aber ohne direkte Sonneneinstrahlung mit Halbschatten oder Schatten gut
zurecht.

> „Sind Lorenz
> (10. August) und Bartel
> (24. August) schön,
> bleiben die Kräuter noch
> lange stehn."

Rotes Basilikum: schmackhaft und ein echter Hingucker im Kräuterbeet

AUF GUTE NACHBARSCHAFT!

Die Kräuter im Garten nach einjährigen und mehrjährigen Pflanzen zu trennen und heimische und mediterrane Kräuter zu gruppieren klingt schon mal nach einem guten Plan. Ganz so einfach machen es die Kräuter der Gärtnerin oder dem Gärtner aber nicht und akzeptieren nicht jedes Kraut in der Nachbarschaft.

KRAUT	GUTE NACHBARN	SCHLECHTE NACHBARN
Basilikum	Bohnenkraut, Oregano, Petersilie	Dill, Thymian
Dill	Petersilie, Gartenkresse, Majoran, Schnittlauch, Koriander	Basilikum, Estragon
Koriander	Dill	Basilikum, Estragon
Majoran	Dill, Petersilie	Oregano, Thymian
Oregano	Bohnenkraut, Basilikum, Salbei	Majoran
Petersilie	Basilikum, Dill, Estragon, Kresse, Majoran, Schnittlauch	Koriander
Rosmarin	Basilikum, Bohnenkraut, Oregano, Salbei, Thymian	Schnittlauch
Salbei	Bohnenkraut, Estragon, Oregano, Rosmarin, Schnittlauch, Thymian	Basilikum
Schnittlauch	Dill, Estragon, Petersilie	Koriander, Rosmarin
Thymian	Bohnenkraut, Estragon, Rosmarin, Salbei	Basilikum, Majoran

GESTALTUNG DES KRÄUTERGARTENS

Der Fantasie sind beim Anlegen eines Kräutergartens kaum Grenzen gesetzt. Die Kräuter lassen sich gut in kleinen Töpfen in der Küche auf der Fensterbank pflanzen. Oder im Balkongarten in **Töpfen, Balkonkästen oder Hochbeeten**. Im Freiland bietet sich ebenfalls ein Hochbeet an. Das hat vor allem den Vorteil, dass die Kräuter durch einen Schneckenzaun oder ein Kupferband vor lästigen Angriffen geschützt werden können. Alternativ bieten sich weitere Gestaltungsmöglichkeiten wie die Kräuterspirale oder ein Kräuterrad an.

Die **Kräuterspirale** bietet einen unschlagbaren Vorteil: Sie ist in unterschiedliche Zonen aufgeteilt. Am höchsten Punkt der Spirale ist es am wärmsten und am trockensten. Hier ist der beste Platz für die mediterranen Kräuter. Ganz unten findet sich der Nassbereich, gefolgt von einer Feuchtzone, in der sich Petersilie, Bärlauch oder Basilikum wohlfühlen, und dem normalen Bereich, in dem Schnittlauch, Minze oder Koriander am besten gedeihen.

Das **Kräuterrad** bietet in den Innenräumen der Speichen eine gute Möglichkeit, Kräuter mit unterschiedlichen Ansprüchen an Wasser, Nährstoffe oder Bodenbeschaffenheit zu gruppieren.

Einen ähnlichen Ansatz verfolgt der **Bauerngarten Hamburger Art**, der das Konzept der Raum- und Pflanzoptimierung aufgreift und 1913 im Botanischen Garten Hamburg in Form eines Schul- und Schaugartens perfektioniert wurde. Ziel ist es, einen Garten zu schaffen, der auf kleinem Raum das ganze Jahr einen lohnenden Ertrag abwirft. Der klassische Aufbau folgt einem geometrischen Muster: Im Zentrum befindet sich häufig ein Baum oder ein Rosenstock. Drum herum werden quadratische oder rechteckige Beete platziert, in denen Pflanzen, die gleiche Bedingungen benötigen und gut miteinander harmonieren, gruppiert werden.

Kräutergarten anlegen: Als Kräuterspirale, im Balkonkasten oder großzügig im Bauerngarten Hamburger Art

DIE RICHTIGE PFLEGE

Die Pflege von Kräutern hängt von der jeweiligen Art ab. Sind die Anforderungen an den Standort und an Bodenbeschaffenheit, Bewässerung und Dünger sowie die passende Nachbarschaft erfüllt, steht dem gesunden Wachstum eigentlich nichts im Wege.

Bei mehrjährigen Kräutern ist die Überwinterung noch ein wichtiges Thema. Einige Arten wie Thymian, Salbei oder Rosmarin können problemlos im Beet überwintern und sogar im Winter geerntet werden. Andere winterharte Kräuter wie Schnitt-lauch, Estragon oder Liebstöckel können nicht ganzjährig geerntet werden, aber auch im Freien überwintern. Bei strengem Frost lassen sie sich zusätzlich mit Laub oder Tannenzweigen abdecken. Wieder andere benötigen mehr Schutz, um durch die kalte Jahreszeit zu kommen. Wer kein Gewächshaus hat, kann die Kräuter im unbeheizten Wintergarten oder im Treppenhaus überwintern lassen. Wichtig ist, dass sie ausreichend Licht bekommen und die Temperatur nicht mehr als 10 °C beträgt.

TIPP

Das perfekte Winterlager
Empfindliche Kräuter werden zum Überwintern in Töpfe umgepflanzt. Große Töpfe stehen auf Styroporplatten und werden von Folie, Gartenvlies oder Matten aus Schilfrohr oder Kokosfasern umwickelt. Kleinere Töpfe kommen in eine Holzkiste, die mit Stroh oder trockenem Laub aufgefüllt wird. Die Kiste wird ebenfalls auf eine Styroporplatte gestellt und umwickelt. Der Wurzelbereich der Kräuter wird zusätzlich mit Laub abgedeckt. Die Kräuter benötigen ausreichend Licht, sollten aber nicht direkt in der Sonne stehen, da sonst zu viel Wasser über die Blätter verdunstet. Gegossen wird nur an frostfreien Tagen. Blätter und Triebe werden erst im Frühjahr zurückgeschnitten, bevor die Kräuter wieder aus dem Winterlager ausziehen.

Länger frisch: Getrocknete Kräuter lassen sich perfekt in luftdichten Einmachgläsern aufbewahren.

KRÄUTER RICHTIG AUFBEWAHREN

Am besten schmecken die Kräuter aus dem eigenen Garten natürlich frisch. Können sie nicht frisch verwertet werden, lassen sie sich entweder einfrieren oder trocknen, um lange haltbar zu bleiben. Um sie einzufrieren, werden sie gewaschen, die Blätter von den Stängeln gezupft und erntefrisch in Gläser oder Gefrierbeutel verpackt. Zum Trocknen werden sie ebenfalls gewaschen, anschließend in kleinen Bündeln zusammengebunden und an einem luftigen, sonnengeschützten, trockenen Ort aufgehängt. Nach etwa zwei Wochen sind sie vollständig getrocknet und zerbröseln beim Berühren. Jetzt werden die Blätter von den Stängeln entfernt, luftdicht verpackt und an einem kühlen, trockenen Ort aufbewahrt. Schneller trocknen sie im Backofen. Die Blätter werden auf einem Backblech bei etwa 50 °C circa eine Stunde getrocknet. Alternativ können sie auch in der Mikrowelle getrocknet werden. Damit sich kein Schimmel oder Bakterien bilden, müssen die Kräuter vollständig trocken sein, bevor sie verpackt werden.

KRÄUTER RICHTIG ERNTEN

Kräuter müssen regelmäßig geerntet werden, um das Wachstum zu fördern. In der Regel werden sie geerntet, bevor sie zu groß oder unansehnlich werden oder anfangen zu blühen. Werden Zweige oder Blätter mit den Fingern abgebrochen, kann das Wachstum der Pflanze beeinträchtigt werden. Besser ist es, ein scharfes, sauberes Messer oder eine Schere zu verwenden. Damit die Pflanze weiterwachsen und gedeihen kann, sollte mindestens ein Drittel der Pflanze stehen bleiben. Kräuter wie Basilikum, Petersilie oder Koriander werden von oben nach unten geerntet. Das heißt, die oberen Blätter und Zweige werden abgeschnitten. Bei Kräutern wie Thymian oder Rosmarin wird von unten nach oben geerntet.

WAS WÄCHST DENN DA AM STRASSENRAND?

Sie wachsen häufig unbemerkt am Wegesrand, verbreiten zahlreiche Aromen und lassen sich auf unterschiedlichste Weise verwenden. Die Rede ist von Wildkräutern.

Im Gegensatz zum gezielten Anbau von Kräutern, die aus menschlicher Zucht hervorgegangen sind, sind Wildkräuter wild wachsende, krautige Pflanzen, die bereits seit Jahrhunderten in der freien Natur wachsen. Sie dienen Menschen und Tieren – insbesondere bestäubenden Insekten wie Bienen, Hummeln oder Schmetterlingen – als wertvolle Nahrungsquelle und können auch als Heilpflanzen eingesetzt werden. Obwohl sie häufig auch als Unkraut bezeichnet werden, finden viele Arten heimischer Wildkräuter aufgrund ihrer hübschen Blüten Verwendung als Zierpflanzen.

> „Gibt es was Schöneres als einen selbst gepflückten Blumenstrauß?"

HEIMISCHE WILDKRÄUTER, DIE AN HAMBURGS WEGESRÄNDERN WACHSEN

Bärlauch (Allium ursinum)

Brennnessel (Urtica)

BÄRLAUCH

- längliche, leicht spitze grüne Blätter, die aus einem einzigen Stängel wachsen und einen starken Knoblauchgeruch verströmen, wenn man sie zwischen den Fingern zerreibt
- kleine, weiße Blüten, die angenehm süß duften und zahlreiche Insekten anlocken
- Verwendung als Gewürz- und Heilpflanze

BORRETSCH (GURKENKRAUT)

- Blätter mit einem erfrischenden, gurkenähnlichen Geschmack
- sternförmige, leuchtend blaue essbare Blüten
- Verwendung als Gewürz-, Heil- und Zierpflanze

BRENNNESSEL

- Stängel und Blätter, die mit brennenden Härchen besetzt sind
- ruft bei Berührung unangenehme Reaktionen auf der Haut hervor
- Blätter und Blüten in der Küche vielseitig einsetzbar

GÄNSEBLÜMCHEN

- längliche, spatelförmige Blätter mit gezackten Rändern
- weiße Blüten mit gelbem Zentrum
- essbare Blüten mit einem leicht süßen Geschmack
- Verwendung in der Küche und als Heilpflanze

GUNDERMANN

- wächst kriechend
- violette Blüten
- scharfes, leicht bitteres Aroma
- Verwendung als Gewürz- und Heilpflanze

GIERSCH

- dreikantiger Stängel und dreiteilige Blätter
- weiße Blüten
- enthält Vitamin A und C sowie Kalzium, Magnesium und viele weitere Inhaltsstoffe
- Verwendung in der Küche

Gundermann (Glechoma hederacea)

Borretsch (Borago officinalis)

Von links nach rechts: Löwenzahn, Rotklee und Kornblume

KAMILLE

- angenehmer Duft
- weiße Blüte mit gelbem Zentrum
- Blüten schmecken mild süßlich, die Blätter dezent würzig
- Verwendung in der Küche und als Heilpflanze

KNOBLAUCHSRAUKE

- duftet und schmeckt leicht nach Knoblauch
- weiße, essbare Blüten
- Wurzeln und Samen sind ebenfalls essbar

KORNBLUME

- blaue, essbare Blüte
- eher dekorativ
- wenig geschmacksintensiv

LÖWENZAHN

- große leuchtend gelbe Blüten
- Verwendung in der Küche
- Löwenzahnhonig wird ohne Bienenwaben hergestellt

ROTKLEE

- kugelige, violette Blütenköpfe
- Keimlinge schmecken leicht nussig und verfügen über einen hohen Vitamingehalt.
- Blätter und Blüten sind ebenfalls essbar und werden als Heilpflanzen eingesetzt

SCHAFGARBE

- feingefiederte Blätter
- zahlreiche weiße, in einer Dolde angeordnete Einzelblüten
- Blüten können in der Küche eingesetzt werden, schmecken aber nicht besonders aromatisch und leicht bitter
- als Tee verdauungsfördernd

SPITZWEGERICH

- unscheinbare Blüten
- längliche, spitze Blätter, die schleimlösende und entzündungshemmende Stoffe enthalten
- junge Blütenstände werden in der Küche verwendet

VOGELMIERE

- sternförmige weiße Blüten
- Verwendung in der Küche und als Heilpflanze

WILDE MÖHRE

- Speisemöhre stammt von ihr ab
- weiße Blüten
- Blätter duften nach Möhre
- Wurzeln der Pflanze werden wie Speisemöhren verwendet
- Verwendung der Blätter und Samen zum Würzen

Spitzwegerich (Plantago lanceolata)

Schafgarbe
(Achillea)

Als grünste Stadt Deutschlands hat Hamburg auch in Sachen Wildkräuter einiges zu bieten. Zahlreiche Veranstalter haben Wildkräuterwanderungen im Programm, auf denen die Teilnehmerinnen und Teilnehmer erfahren, wo sie in Hamburg Wildkräuter sammeln können und wie diese verwendet werden.

VERANSTALTER VON KRÄUTER-WANDERUNGEN

1 Hamburger Volkshochschule Die Hamburger Volkshochschule lädt zu einem Streifzug durch den Wilhelmsburger Inselpark ein. Teilnehmende erhalten Tipps zu essbarem Wildgemüse, sicherem Sammeln und Bestimmen heimischer Arten.

2 Stadtpark Verein Hamburg e. V. Wer mehr über die heilenden Kräfte von Kräutern erfahren möchte, ist auf den Kräuterwanderungen im Hamburger Stadtpark mit Heilpraktikerin und Kräuterfrau Ursula Axtmann bestens aufgehoben. Teilnehmende erfahren alles über Inhaltsstoffe, Verwendung, Zubereitung und Wirkung von Heilkräutern.

3 Waldsamkeit Die NaturNerds von Waldsamkeit bieten eine dreistündige Kräuterführung durch Hamburg an. Teilnehmende erwarten Tipps, wo sie Wildkräuter finden, und jede Menge Kräuterwissen, das von wahren Wildkräuterprofis weitergegeben wird.

4 Unkrautliebe Wie Wildpflanzen mit ihren unterschiedlichen Geschmacksrichtungen die Küche bereichern und uns dabei gleichzeitig mit wertvollen Nährstoffen versorgen, erfahren Teilnehmende von Stephanie Wiermann auf den kulinarischen Wildpflanzenführungen von „Unkrautliebe".

Von oben nach unten: Vogelmiere, Wilde Möhre und Knoblauchsrauke

PFEFFERMINZE

In der Heilkunde wird Pfefferminze für ihre anregenden, krampflösenden und beruhigenden Eigenschaften geschätzt. In der Küche ist das robuste, schnell wachsende Kraut vielseitig einsetzbar, sei es als Gewürz, Tee, in Cocktails oder in Süßwaren wie Schokoladenminztafeln.

Die Pfefferminze zählt zu den stark wachsenden Kräutern und ist sehr robust. Woher die Minze ursprünglich stammt, ist nicht ganz klar. Vermutlich handelt es sich bei der Pfefferminze um eine Kreuzung aus der Bachminze (Mentha aquatica) und der Grünen Minze (Mentha spicata). Ihren Weg nach Europa hat sie wahrscheinlich aus England gefunden, wo sie seit 1750 kultiviert wird.

Pfefferminze bevorzugt einen halbschattigen Standort sowie einen leicht feuchten, nährstoffreichen Boden. Sie ist winterhart, allerdings ist es empfehlenswert, sie im Winter abzudecken. Unter den entsprechenden Bedingungen breitet sich das flachwurzelnde Kraut unkontrolliert aus. Wer Pfefferminze im Garten pflanzt, tut gut daran, den Ausbreitungsdrang der Wurzeln durch eine Sperre einzudämmen. Von Juni bis September blüht die Pfefferminze und verleiht dem Kräutergarten mit ihren Blüten einen Glanz von Weiß über Hellrosa bis hin zu leuchtendem Violett.

BELIEBTES HEILKRAUT

Pfefferminze wirkt anregend auf Gallenfluss und Gallensaftproduktion, krampflösend bei Beschwerden im Magen-Darm-Bereich, antimikrobiell und antiviral. Allerdings enthält die Pfefferminze aus dem Kräutergarten meist einen viel zu geringen Anteil an ätherischen Ölen, um tatsächlich eine Heilung herbeizuführen. Der Pfefferminze wird darüber hinaus auch ein beruhigender Effekt zugesprochen. Entsprechend kommen die Blätter häufig in Tees zur Nervenberuhigung und Schlafförderung oder das Minzöl zum Einreiben bei Migräne, Kopf- und Nervenschmerzen zum Einsatz.

Ebenso beliebt ist das grüne Kraut in der Küche. Ob zum Kochen und Würzen, als erfrischender Pfefferminztee oder in alkoholischen Getränken wie dem Mojito und anderen Cocktails oder als Pfefferminzlikör erfreut sich die Pfefferminze großer Beliebtheit. Und nicht zuletzt wird Pfefferminze zur Herstellung von Süßwaren verwendet: Wer kennt sie nicht, die berühmten englischen Schokoladen-Minztafeln, die Pfefferminzbonbons oder -kaugummis? Und wer es gerne kalt, süß und herrlich erfrischend mag, genießt die Pfefferminze im Sommer als leckeres Speiseeis.

MINZEIS MIT SCHOKOSTÜCKCHEN
10 PORTIONEN

500 ml Schlagsahne
250 ml Vollmilch
30 g Minze
6 Eigelbe
100 g Zucker
Salz
Schokotröpfchen

1 Schlagsahne und Vollmilch in einen Topf geben und vermengen. Über mittlerer bis hoher Hitze zum Kochen bringen und Minzblätter dazugeben. Hitze reduzieren und die Minzblätter etwa 2 Stunden ziehen lassen.

2 Eigelbe und Zucker in einem weiteren Topf verquirlen. Die Milch-Minz-Mischung durch ein feinmaschiges Sieb in den Topf zur Eigelb-Zucker-Mischung geben. Dabei die Minzblätter mit einem Löffel zerdrücken, damit sie so viel Aroma wie möglich abgeben. Alles vermengen und den Topf über mittlere bis hohe Hitze stellen und die Mischung auf etwa 75 °C erwärmen. Mit etwas Salz abschmecken. In einen kühlschrankgeeigneten Behälter geben und über Nacht ziehen lassen.

3 Die Mischung am nächsten Tag in eine Eismaschine geben und die Schokotröpfchen dazugeben. Mit der Eismaschine zu Eis verarbeiten und anschließend in einen gefriergeeigneten Behälter umfüllen. Etwa 4 Stunden im Gefrierschrank ruhen lassen. Danach als Eiskugeln genießen!

KARTOFFELN PFLANZEN

Kartoffeln gelten als sichere Bank im Gemüsegarten. Sie sind robust, genügsam und stellen keine großen Ansprüche: Alles, was sie brauchen, sind ein warmer, sonniger Platz und ein lockerer, sandiger, nährstoffreicher Boden. Und mit einem einfachen Trick lässt sich der Ertrag auch ohne Erfahrung im Gemüseanbau leicht steigern.

Ursprünglich stammt die Kartoffel aus Südamerika. Mittlerweile sind weltweit über 4000 Sorten bekannt, die sich in Größe, Form und Farbe, im Geschmack und in ihren Kocheigenschaften unterscheiden. Die stärkehaltigen Knollen werden auf der ganzen Welt angebaut und zählen zu den Grundnahrungsmitteln. Als wichtige Quelle für Kohlenhydrate, Ballaststoffe, Vitamin C, Vitamin B6 und Kalium sind sie vielseitig einsetzbar: klassisch als Salzkartoffel, als Püree, Bratkartoffel, Pommes Frites und vieles mehr.

Kartoffeln anbauen und ernten ist eigentlich ganz einfach. Sie werden durch das Pflanzen von Saatkartoffeln im Freiland angebaut. Wer keinen eigenen Garten hat, kann sie auch im Hochbeet oder auf dem Balkon in Töpfen oder Holzkisten anpflanzen. Alternativ gibt es mittlerweile spezielle Kartoffelpflanzkübel oder -säcke, die sich auch für Innenräume eignen. Überschüssiges Gießwasser kann durch Löcher im Boden abfließen, um Staunässe zu vermeiden. Das Besondere: Die Kartoffeln können durch eine Klappe im unteren Drittel des Kübels entnommen werden. ➡

Die Superknolle liefert auch Gartenneulingen ohne Erfahrung einen reichen Ertrag.

PFLANZKARTOFFELN VS. SPEISEKARTOFFELN

Für den optimalen Ertrag wird empfohlen, spezielle im Fachhandel erhältliche Pflanzkartoffeln zu verwenden. Ein im eigenen Garten durchgeführter Test hat allerdings ergeben, dass auch mit herkömmlichen Speisekartoffeln eine lohnende Ernte erzielt werden kann. Im Test traten Speisekartoffeln vom Discounter, die bereits gekeimt hatten, gegen die speziell für den Anbau zertifizierten Pflanzkartoffeln Estima und Romanze an. Alle verwendeten Sorten stellten keine besonderen Ansprüche an den Boden, brauchten nicht viel Wasser und gaben sich auch mit Halbschatten zufrieden.

Pflanzkartoffel Estima wurde zum Teil im Hochbeet und aus Platzgründen in Holzkisten gepflanzt. Die insgesamt zehn Pflanzkartoffeln haben einen Ertrag von über zehn Kilogramm festkochenden Kartoffeln mit einer schönen glatten Schale und großen Knollen geliefert. Damit ist sie schon mal ganz weit vorne.

Pflanzkartoffel Romanze liefert ebenfalls recht große, festkochende Speisekartoffeln, aber mit einer intensiv roten Schale. Sie hat sich den Platz im Hochbeet mit Estima geteilt und hatte auch eine Holzkiste als Ausweichquartier. Bei der gleichen Anzahl an Pflanzkartoffeln wurde hier immerhin ein Ertrag von 6,5 Kilogramm erzielt.

„Lorbeer macht nicht satt, besser, wer Kartoffeln hat."

Speisekartoffeln, die bereits keimen, enthalten den giftigen Stoff Solanin. Je länger die Keime sind, desto höher ist die Konzentration, sodass man stark keimende Kartoffeln besser nicht mehr essen sollte. Wegschmeißen muss man sie aber nicht: Stattdessen haben sie ihre eigene Holzkiste zum Wachsen bekommen. Das Ergebnis sind immerhin drei Kilogramm zwar recht kleine, aber schmackhafte, festkochende Kartoffeln. Mit Schale sind sie bestens geeignet für Gemüsepfannen oder als Rosmarin-Kartoffeln.

Das Fazit: Speisekartoffeln, die als Pflanzkartoffeln eingesetzt werden, bringen scheinbar geringere Erträge als die zertifizierten Pflanzkartoffeln, die eigens dazu vermehrt wurden und auf Bakterien- und Viruskrankheiten untersucht wurden. Äußerlich betrachtet sind die glatte Schale der Estima und die leuchtend rote Romanze natürlich absolute Hingucker. Und auch geschmacklich sind die beiden Sorten unübertroffen. Einen wirklichen Verlierer gibt es aber nicht, denn lecker sind sie alle!

ANBAU, PFLEGE, ERNTE

Der richtige Zeitpunkt, um Kartoffeln zu pflanzen, ist etwa ab Anfang April. Sobald die Bodentemperatur mindestens sieben Grad beträgt, kann mit dem Kartoffelanbau begonnen werden. Da die Nächte im Norden oft noch kalt werden können, wird das Beet mit einem Gartenvlies abgedeckt, um die Wärme zu halten. Wer bereits im Mai oder Juni ernten möchte, kann frühe Sorten verwenden. Diese sind bereits 90 bis 120 Tage nach Pflanzung erntereif. Werden sie vorgekeimt, verfrüht sich die Ernte um weitere drei bis vier Wochen. Spätkartoffeln benötigen einen Zeitraum von 140 bis 160 Tagen zwischen Pflanzung und Ernte. Allerdings gilt: Je kürzer die Vegetationsdauer, desto schneller muss die Ernte verzehrt werden, da sie nicht sehr lange lagerfähig ist. Zudem sind späte Sorten weniger anfällig für Kartoffelkrankheiten.

- Bevor die Saatkartoffeln eingepflanzt werden, wird zunächst der Boden mit einem Spaten aufgelockert und vom Unkraut befreit.
- Der Abstand zwischen den Pflanzreihen beträgt 70 bis 80 Zentimeter, der Abstand zwischen den Pflanzkartoffeln 30 bis 35 Zentimeter. Die Saatkartoffeln werden mit den Trieben nach oben in 10 bis 15 Zentimeter tiefe Pflanzlöcher gesetzt.

	festkochend	vorwiegend festkochend	mehlig kochend
SEHR FRÜHE KARTOFFELSORTEN (90–110 TAGE)	Annabelle Glorietta	Finka Rosara Solist	Auguste
FRÜHE KARTOFFEL-SORTEN (110–120 TAGE)	Goldmarie	Marabell	Red Duke of York
MITTELFRÜHE KARTOFFELSORTEN (120–140 TAGE)	Regina	Blauer Schwede Rote Emmalie	Adretta Nemo
SPÄTE KARTOFFEL-SORTEN	Bamberger Hörnchen Blaue Anneliese Heiderot	Agria Granola	Carolus

- Kartoffeln benötigen regelmäßige Bewässerung, insbesondere während der Wachstumsperiode. Übermäßige Bewässerung sollte jedoch vermieden werden, da dies zur Entwicklung von Pilzkrankheiten führen kann.
- Kartoffeln zählen zu den Starkzehrern. Um sie mit ausreichend Nährstoffen zu versorgen, wird der Boden mit Kompost oder Dünger angereichert.
- Für optimales Wachstum sollte der Boden regelmäßig aufgelockert und Unkraut entfernt werden. Um den Ertrag anzureichern, wird die Erde regelmäßig angehäufelt. Spätestens wenn die grünen Triebe 20 Zentimeter hoch sind, wird die Erde um die Kartoffeltriebe angehäuft. So werden die Knollen vor Sonnenlicht geschützt und das Wachstum neuer Kartoffeln gefördert.
- Wird das Laub der Pflanzen gelb und verwelkt, können die Kartoffeln geerntet werden. Die Kartoffeln werden mit einer Grabegabel vorsichtig aus dem Boden gehoben. Um die Haltbarkeit der Knolle zu verlängern, empfiehlt es sich, die geernteten Kartoffeln an einem kühlen, dunklen und trockenen Ort zu lagern.

Hübsch anzusehen: Blüten und Blätter der Kartoffelpflanze

TIPP

Kartoffelkrankheiten vermeiden Kartoffelschorf, Stängel- bzw. Knollennassfäule oder Eisenfleckigkeit sind nur einige der Krankheiten, von denen Kartoffeln befallen werden können. Kartoffelschädlinge wie Blattläuse, der Kartoffelkäfer oder Wühlmäuse können die Ernte ebenfalls gefährden. Um den Befall zu vermeiden, sollten Kartoffeln nicht jedes Jahr auf der gleichen Fläche angepflanzt werden. Knollen, die im Beet verbleiben, begünstigen den Befall der neuen Ernte. Es wird eine Anbaupause von vier bis fünf Jahren empfohlen.

TIPP

Pflanzgut vermehren Die Saatkartoffeln können im Ganzen gepflanzt oder in kleine Stücke geschnitten werden, die jeweils ein oder zwei Knospen enthalten. Bevor die zerschnittenen Stücke eingepflanzt werden, sollten die Schnitte ein paar Tage an einem kühlen, trockenen Ort abheilen.

Selbst angebaute Pflanzkartoffeln auf humusreichem Boden – die Kartoffelknollen werden von Hand in die Pflanzenreihen eingeführt.

BLICK IN NACHBARS GARTEN: KRÄMERS BIENENWIESE

Bienen retten ist wichtig! Ihre Bestäubungsdienstleistung ist entscheidend für unser Ökosystem und sorgt insbesondere für reichhaltige Obst- und Tomatenernten. Nicht zu vergessen: Sie liefern natürlich auch den leckeren Honig!

Es gibt zahlreiche Projekte und Organisationen, die auf das Bienensterben aufmerksam machen und sich mit der Rettung der Bienen beschäftigen. Ein besonders schönes Projekt, das auf Nachhaltigkeit und ökologische Verantwortung setzt, ist das Bienen-Projekt des Hamburger Kiezclubs, des FC St. Pauli. Im Rahmen des „Stadionbienen-Projekts" hat der Verein zwei Bienenvölker am Millerntor angesiedelt und produziert mit dem Ewaldbienenhonig den ersten Stadionhonig in der Bundesliga.

Aber heute soll es um die weniger prominenten Beispiele gehen, die ohne großes Marketing auskommen und dennoch einen enorm wichtigen Beitrag leisten. Wie Krämers Bienenwiese. Die Krämers, das sind Christian und seine Frau Anette, die in Hamburg-Eimsbüttel zu Hause sind.

LANDFLUCHT DER INSEKTEN

Große Agrarflächen mit Monokulturen machen das Landleben für Wildbienen, Hummeln und andere Insekten unattraktiv. Untersuchungen bestätigen, dass die Artenvielfalt in der Stadt daher mittlerweile größer ist als auf dem Land. Beste Voraussetzungen also, um in bester Stadtlage im Balkonkasten Blumen zu säen, die die emsigen Insekten anziehen sollten. So der Plan. Da das Haus wegen Sanierungsarbeiten eingerüstet war, wäre Bienen, Hummeln und Co. der Weg zur „Wiese" allerdings versperrt geblieben. Die Alternative: Der Garten von Muddern in Volksdorf.

Kurz angefragt und Muddern war sofort begeistert von der Idee, den beiden ein paar Quadratmeter ihres Gartens zum Bepflanzen zu überlassen. Und die geeignete Fläche für die bienenfreundlichen Pflanzen war auch schnell gefunden.

OPTIK IST NICHT ALLES

Es gibt zahlreiche Angebote für bienenfreundliche Produkte am Markt. Aber was genau bedeutet eigentlich bienenfreundlich? Eine hübsche Blüte allein reicht hier nicht aus. Pflanzen, die einen Beitrag zur Erhaltung der Bienen leisten sollen, müssen entweder Nektar oder Pollen liefern. Der Nektar dient den Bienen als Nahrung und versorgt sie mit ausreichend Energie zum Fliegen, für die Wärmeproduktion sowie weitere Körperfunktionen. Die Pollen enthalten große Mengen Eiweiß und eignen sich daher perfekt als Nahrung für die Larven. Für die ganz kleinen stellen die Ammenbienen aus den Pollen das sogenannte „Gelee Royal" her. Die etwas größeren Larven erhalten die Pollen vermischt mit Honig als „Bienenbrot".

Entsprechend eignen sich Pflanzen mit gefüllten Blüten nicht für einen Bienengarten. Sie wurden so gezüchtet, dass sie auch im Zentrum Blütenblätter enthalten. Die nektarproduzierenden Organe wurden „zurückgezüchtet" und sind dadurch funktionsunfähig.

Wählerisches Volk: Bienen bevorzugen mehrjährige, heimische Pflanzen, die ausreichend Nektar oder Pollen liefern.

Über die Bienenfreundlichkeit hinaus, berichtet der Krämer, gibt es bei der Auswahl der Blumensaat aber auch regionale Aspekte zu beachten: „Mischungen aus dem Baumarkt beinhalten häufig Samen von Arten, die in Deutschland gar nicht heimisch sind. Die Blumen sehen dann zwar sehr hübsch aus, werden von den Bienen aber im Zweifel links liegen gelassen." Am Ende haben sich die Krämers für die Bienenretter Manufaktur entschieden und dort eine Tüte mit einheimischer Blumensaat bestellt. Die große Tüte natürlich — wenn schon, denn schon. Reicht für hundert Quadratmeter und kommt mit niedlichem Schildchen und jeder Menge Infomaterial sowie einer Pflanzanleitung direkt ins Haus. Enthalten ist Saatgut für in Deutschland beheimatete Pflanzen, teilweise sogar mehrjährige. Mittlerweile unterscheiden sich die Angebote hier bereits nach Regionen wie Süd, Nordwest oder Nordost, um regional optimale Bedingungen für die Insekten zu schaffen.

REGIONALE MISCHUNG: KURS NORDWEST

Bleiben wir doch gleich mal in der Gegend. Welche Pflanzen eignen sich denn nun für einen bienenfreundlichen Garten in Hamburg und Umgebung? Das Angebot an blühfreudigen einjährigen Kulturarten oder zweijährigen Wild- und Kulturpflanzen sowie langlebigen Wildstauden ist groß. Mit dabei sind nicht nur Sonnenblumen oder die Skabiose-Flockenblume – sondern auch Frühblüher wie Krokusse und Schneeglöckchen. Über Wild- und Küchenkräuter oder Gemüsepflanzen wie Pastinake, Kürbis, Kohl, Möhren und Zwiebeln sowie heimische Obstbäume und Beerensträucher freuen sich nicht nur die Bienen, sondern auch die Gärtnerinnen und Gärtner.

- Das bienenfreundliche Saatgut wird im Frühjahr ausgesät. Aber Vorsicht – die gekeimten Pflänzchen sind frostempfindlich. Der ideale Zeitpunkt liegt zwischen April und Juni. Je nachdem, welche Wild- und Kulturarten in einer Blühmischung enthalten sind, erfreuen sich Bienen und Gärten von April bis November an der Blütenpracht, die Bienen, Hummeln und Schmetterlingen als Nahrungslieferant dient.
- Besonderes Augenmerk bei der Wahl der geeigneten Pflanzen liegt auf den Böden und der Lage. Während einige Arten sich für alle Böden eignen, bevorzugen andere eher trockene Böden. Die einen mögen es sonnig, die anderen fühlen sich im Halbschatten wohler.

EMPFINDLICHES ÖKOSYSTEM

Wer den Bienen etwas Gutes tun will, setzt also auf ungefülltes, regionales Saatgut und pflanzt im Haus- oder Nutzgarten, auf dem Balkon, im Hinterhof oder auch am Wegesrand ein Bienenparadies. Aber Vorsicht: Das Saatgut darf nur in Siedlungsgebieten ausgebracht werden. In der freien Natur können empfindliche Ökosysteme und Biotope durch die Aussaat gefährdet werden.

WENIGER IST MANCHMAL MEHR

Anfang April 2019 wurde die ausgewählte Fläche in Mudderns Garten in Angriff genommen. „Beim Umgraben habe ich dann nach zirka zwanzig Quadratmetern schlappgemacht. Das musste dann für den Anfang erst mal reichen."

Damit sich alle Pflanzen – sowohl die kleineren als auch die spätblühenden – in ihrer ganzen Pracht entfalten können, ist es ratsam, die Samen etwas sparsamer zu verteilen. „Die ganze Tüte auf die Fläche war definitiv zu viel!" Empfohlen wird eine Aussaatmenge von ein bis anderthalb Gramm pro Quadratmeter, damit alle Pflanzen genügend Platz haben und ausreichend mit Nährstoffen versorgt werden.

ALLE SIND ZUFRIEDEN

Das Projekt ist für alle ein großer Erfolg: „Wir haben das Wachstum unserer Wiese mit großer Freude beobachtet und sind sehr zufrieden mit den ‚Besucherzahlen'. Es summt und brummt – wir werten das mal als Zeichen, dass sich die Bienen, Hummeln und weitere Insekten auf unserer Bienenwiese sehr wohl fühlen. Deswegen werden wir im nächsten Jahr die Fläche noch etwas vergrößern und auch noch eine für den Standort spezifische Nordwest-Mischung aussäen. Diesmal allerdings sparsamer und besser verteilt. Als Schmankerl baue ich dann noch ein Bienenhotel. Dann haben die Kleinen es nicht so weit."

Und auch Muddern freut sich über die Blumen und die Bienen und hält ihren Sohn und ihre Schwiegertochter mit Bildern auf dem Laufenden.

Aus Holz, Ton, Ziegelsteinen oder Bambus: Nistquartiere für Insekten lassen sich mit verschiedenen Materialien anfertigen.

„Als Schmankerl baue ich dann noch ein Bienenhotel. Dann haben die Kleinen es nicht so weit."

Die Krämers, Christian und Anette

DACHBEGRÜNUNG: DER NATUR ETWAS ZURÜCKGEBEN

Die vielen versiegelten Flächen in Städten führen zu ökologischen Problemen wie Überschwemmungen und Wärmestau. Dachbegrünungen schaffen Lebensraum für Pflanzen und Tiere, reinigen die Luft und regulieren die Temperatur, womit sie zumindest einen kleinen Ausgleich schaffen.

Immer mehr Grünflächen müssen in unseren Städten Häusern, Straßen oder Parkplätzen weichen. Laut Angaben des Umweltbundesamtes sind in Deutschland rund 45 Prozent der Siedlungs- und Verkehrsflächen versiegelt. Bebaute und unbebaute Flächen werden asphaltiert, gepflastert oder anderweitig befestigt. Dadurch geht wichtiger Lebensraum für Pflanzen und Tiere verloren. Gleichzeitig verlieren die Böden durch die luft- und wasserdichte Abdeckung wichtige Funktionen: Der Gasaustausch mit der Atmosphäre und die Aufnahme von Wasser werden erschwert.

Die ökologischen Auswirkungen der Flächenversiegelung sind verheerend. Regenwasser kann nicht versickern – das Risiko von Überschwemmungen steigt. Zudem können keine ausreichenden Grundwasservorräte angelegt werden. Auf versiegelten Böden findet keine Verdunstung statt und es wachsen keine schattenspendenden Pflanzen, wodurch die Temperaturen in Städten bedenklich ansteigen.

In den 1980er Jahren kam die Idee auf, dieser Entwicklung entgegenzuwirken und mit der Dachbegrünung Ausgleichsflächen für neuen Lebensraum zu schaffen. So entstanden auf Bürogebäuden,

Dachbegrünungen schaffen wertvollen Lebensraum für Insekten, Vögel und Pflanzen.

Sedumspflanzen begrünen Dächer in urbanen Räumen.

Fabrikhallen oder Parkhäusern Dachgärten. Ein Konzept, das sich auch im Kleinen gut umsetzen lässt, um im urbanen Raum ein kleines Biotop zu schaffen und einen Beitrag zum Schutz von Natur und Umwelt zu leisten.

Gründächer bieten wertvollen Lebensraum für Insekten, Vögel und Pflanzen. Die Pflanzen auf dem Dach filtern Feinstaub und andere Schadstoffe, produzieren Sauerstoff und reinigen dadurch die Luft. Für die Pflanzung wird ein spezielles Substrat verwendet, das Regenwasser speichert und so die Kanalisation entlastet. Gründächer wirken isolierend: Im Sommer halten sie die darunterliegenden Räume kühl, im Winter helfen sie, Heizenergie zu sparen. Ein weiterer, insbesondere in Großstädten nützlicher Effekt ist, dass Dachbegrünungen auch Lärm reduzieren.

VORAUSSETZUNGEN FÜR DACHBEGRÜNUNG

Grundsätzlich eignen sich alle Arten von flachen Dächern zum Begrünen. Dachbegrünungen können auf dem eigenen Garagendach, dem Gartenhaus, einem Bungalow oder dem Dach eines Wohnhauses

entstehen. Allerdings müssen die Dächer bestimmte Anforderungen an die Statik, die Dachneigung und die Entwässerung erfüllen – insbesondere, wenn es sich nicht um ein Flachdach handelt. Je nach Beschaffenheit des Daches können Dächer intensiv oder extensiv begrünt werden.

Eine Genehmigung ist nicht erforderlich, um ein Dach zu begrünen. Allerdings sollten vor der Planung Statik und Traglast überprüft werden, um zu entscheiden, welche Art der Begrünung sich besser eignet. Hier kommt die Dachneigung ins Spiel: Dächer mit einer Neigung von 0 bis etwa 30 Grad lassen sich problemlos auch selbst begrünen. Je nach Neigung des Daches muss sichergestellt werden, dass die Bepflanzung – beispielsweise bei Starkregen – nicht abrutscht. Ab einer Neigung von 45 Grad ist es ratsam, die Arbeiten von einem Fachmann ausführen zu lassen. Ein weiterer wichtiger Punkt, der bei der Planung eines Gründachs berücksichtigt werden muss, ist die Entwässerung des Daches. Diese erfolgt wie bei unbegrünten Dächern über die Regenrinne oder einen innen liegenden Ablauf. Idealerweise wird Regenwasser in eine Tonne geleitet, um für die Bewässerung genutzt zu werden.

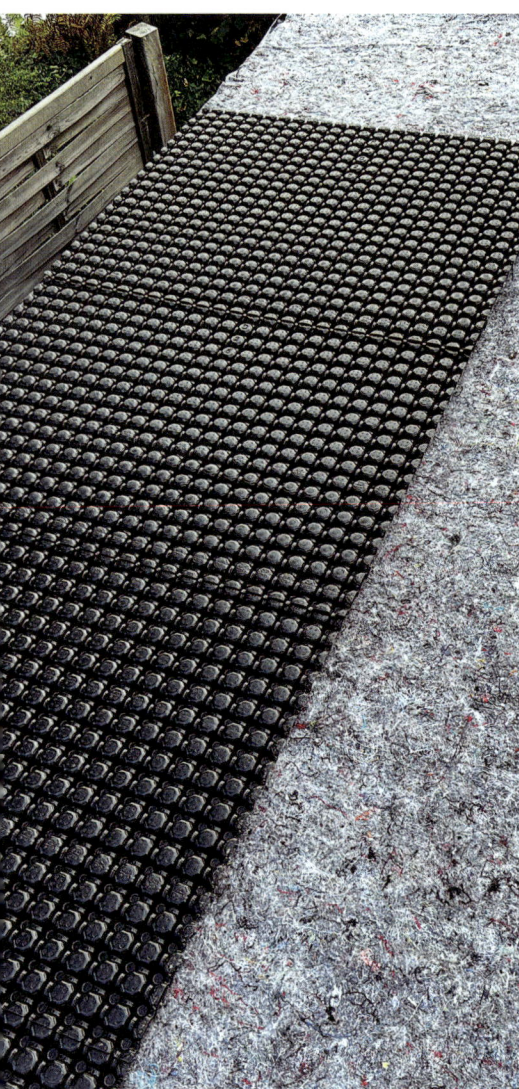

Schicht für Schicht entsteht ein kleines Biotop.

EXTENSIVE BEGRÜNUNG

Die extensive Begrünung ist die einfache Variante der Dachbegrünung. Die Flächenlast ist mit einem Gewicht zwischen 60 und 250 Kilogramm pro Quadratmeter vergleichsweise gering. Die Bepflanzung besteht aus pflegeleichten, bis zu 20 Zentimeter hohen Kräutern, Gräsern und Moosen, die nicht zusätzlich bewässert werden müssen.

INTENSIVE BEGRÜNUNG

Für die intensive Dachbegrünung ist eine Traglast zwischen 200 und 3000 Kilogramm pro Quadratmeter erforderlich. Dafür sind der Art der Bepflanzung keine Grenzen gesetzt. Hier können Rasen, Stauden, Sträucher und sogar Bäume, die eine Höhe von bis zu zwei Metern erreichen, gepflanzt werden. Entsprechend sind Pflege und Bewässerung aufwendiger – vergleichbar mit einem normalen Garten.

AUFBAU EINER DACHBEGRÜNUNG

Der Aufbau einer Dachbegrünung besteht aus mehreren Schichten, um zu gewährleisten, dass das Dach geschützt und gleichzeitig die optimale Versorgung der Pflanzen mit Nährstoffen und Wasser sichergestellt ist.

- Die erste Schicht bildet eine Wurzelschichtfolie, die das Dach vor dem Durchdringen der Wurzel schützt.
- Die zweite Schicht ist ein Schutzvlies.
- Die dritte Schicht besteht aus sogenannten Drainagematten, die mit den Noppen nach oben ausgelegt werden.
- Um zu verhindern, dass das Pflanzsubstrat die Drainage verstopft, wird als vierte Schicht ein Filtervlies aufgebracht.
- Die fünfte Schicht besteht aus dem Pflanzsubstrat.

Sofern ein innen liegender Wasserablauf geplant ist, wird an der entsprechenden Stelle in jeder Schicht ein Loch für die Entwässerung freigeschnitten. Der Ablauf wird eingesetzt, bevor das Pflanzsubstrat aufgetragen wird. Pro Quadratmeter sind etwa fünfzig Liter Substrat erforderlich. Je nach Beschaffenheit und Neigung des Daches wird eine Dachumrandung angebracht, um zu verhindern, dass das Substrat abrutscht.

TIPP

Bei zahlreichen Anbietern sind **Komplettpakete** erhältlich, die alle notwendigen Materialien – angefangen bei den einzelnen Schichten über Substrat und Dünger bis hin zu Saatgut oder Pflanzen – enthalten.

PFLANZEN FÜR DIE DACH-BEGRÜNUNG

Für die Bepflanzung werden wahlweise Saatgut, vorgezogene Setzlinge oder Vegetationsmatten verwendet. Während das Saatgut im Frühjahr ausgebracht wird, kann dies mit Setzlingen oder Vegetationsmatten bis in den späten Herbst hinein geschehen. In der Regel wird von März bis Ende Juni und von Anfang September bis November gepflanzt. In diesen Monaten herrschen die besten Wachstumsbedingungen für die Dachbegrünung. Nach drei bis vier Wochen sind die Pflanzen stabil eingewachsen. Damit sie optimal wachsen und gedeihen, wird zusätzlich ein Langzeitdünger verwendet. Für die extensive Dachbegrünung von Flachdächern eignen sich anspruchslose Pflanzen wie Gräser, insektenfreundliche Blühstauden, Sedumspflanzen, Lavendel oder Kräuter und auch Thymian, Salbei, Schnittlauch oder Majoran.

PFLEGE DER DACH-BEGRÜNUNG

Im Frühjahr sollten die Pflanzen regelmäßig gegossen werden, um gut anzuwachsen. Wer im Herbst pflanzt, hat weniger Arbeit und kann die Bewässerung in der Regel dem Regen überlassen. Im Gegensatz zum normalen Garten ist ein Dachgarten mit extensiver Begrünung deutlich pflegeleichter. Das Substrat speichert das Wasser, sorgt für optimale Feuchtigkeit und erspart das Gießen. Um das Unkrautjäten kommen Gärtnerinnen und Gärtner jedoch nicht herum. Insbesondere Baumsamen sollten regelmäßig entfernt werden, bevor sie anwachsen.

KOSTEN FÜR DEN DACH-GARTEN

Die Kosten für einen Dachgarten hängen von mehreren Faktoren ab. Je nach Größe, Neigung, Art der Bepflanzung und Eigenleistung müssen Kosten zwischen 25 und 50 Euro pro Quadratmeter kalkuliert werden. Wer bestehende Dächer begrünt, kann staatliche Fördergelder beispielsweise bei der Kreditanstalt für Wiederaufbau (KfW) beantragen. Die Stadt Hamburg fördert die Dachbegrünung zudem im Rahmen der Hamburger Gründachstrategie: Bis Dezember 2024 können Grundeigentümerinnen und -eigentümer Zuschüsse für den Bau von Gründächern und Grünen Fassaden beantragen.

SO SCHMECKT DER SOMMER: BAUMOBST UND BEEREN SELBST ANBAUEN

Der Sommer ist die perfekte Zeit, um frisches Obst und saftige Beeren direkt aus dem eigenen Garten zu verarbeiten.

Selbst angebautes Baumobst und Beeren sind nicht nur pur sehr lecker, sondern können auf vielfältige Weise verzehrt werden.

ERDBEERE, HIMBEERE UND CO.

Beerensträucher sind eine großartige Ergänzung für jeden Obstgarten. Sie sind relativ pflegeleicht und bringen reichlich Ertrag. Die süßen Beeren werden bei einem Gang durch den Garten direkt weggenascht. Sie eignen sich hervorragend für Kuchen und Torten. Oder sie werden eingekocht: Der volle Geschmack des Sommers wird mit Marmeladen, Kompott oder Saft eingefangen und verlängert.

In kleinen Töpfen warten die Erdbeerpflanzen auf den Umzug ins Beet.

ERDBEEREN

Die Erdbeere schmeckt am besten, wenn sie noch warm von der Sonne im Mund landet. Damit die Ernte gelingt, wird sie bereits im September gepflanzt. So kann sie ein gutes Wurzelsystem ausbauen, um im Sommer einen hohen Ertrag zu liefern. Die Erdbeere bevorzugt einen nährstoffreichen, feuchtigkeitsspendenden Boden und einen sonnigen Standort. Eine Mulchschicht verhindert, dass die Beeren direkten Kontakt zum feuchten Boden haben. Ausreichend Licht und ein Abstand von 30 bis 50 Zentimetern senken das Risiko von Infektionskrankheiten und Mehltau. Da Vögel – insbesondere Amseln – auch gerne Erdbeeren naschen, bedeckt man die Pflanzen mit einem Netz. Geerntet wird zwischen Juni und Juli.

HIMBEEREN

Sommerhimbeeren können wir von Ende Juni bis Ende August genießen, Herbsthimbeeren von August bis in den Oktober. Himbeeren gedeihen am besten in schattigen Lagen und brauchen viel Wasser. Als Starkzeh-

rer benötigen sie zudem regelmäßig Dünger. Den perfekten Zeitpunkt zum Pflanzen gibt es nicht. Allerdings sollte es nicht frieren und auch nicht zu heiß sein. Der Pflanzabstand sollte zwischen 40 und 50 Zentimeter betragen. Da Himbeeren Flachwurzler sind, ist es ratsam, die Pflanze mit einer Mulchschicht vor der Austrocknung zu schützen.

Sommerhimbeeren werden zurückgeschnitten, sobald die Früchte geerntet sind. Ruten, die getragen haben, werden dicht über dem Boden abgeschnitten. Ruten, die nicht getragen haben, bleiben stehen. Dagegen werden bei einer Herbsthimbeere alle Ruten zurückgeschnitten.

BROMBEEREN

Die leckeren dunklen Früchte werden zwischen Juli und September erntereif. Die Brombeere benötigt nährstoffreiche Böden und einen sonnigen Standort, um gut auszureifen. Im Norden wird die Brombeere

im Mai gepflanzt. Die langen Ruten werden mit Drähten oder Spalieren gestützt. Dabei werden die fruchttragenden von den jungen Ruten getrennt. Um die Bildung frischer Triebe anzuregen, werden alte Ruten nach der Ernte dicht über dem Boden herausgeschnitten.

STACHELBEEREN

Es gibt rote, gelbe und grüne Sorten Stachelbeeren. Die rote Stachelbeere ist weniger süß und hat weniger Aroma als die gelben und grünen. Sie bevorzugen einen schattigen Standort und einen feuchten, nährstoffreichen Boden. Für einen guten Ertrag spielt die Bewässerung eine entscheidende Rolle. Wie die Himbeere wurzelt auch die Stachelbeere flach und freut sich über eine Mulchschicht zum Schutz vor Austrocknung. Im Frühjahr und im Mai wird sie gedüngt. Geerntet wird je nach Verwendungszweck zwischen Juni und August. Grüne, noch nicht ausgewachsene Früchte sind perfekt als Kuchenbelag oder zum Einkochen geeignet. Wer Marmelade kochen möchte, wartet, bis die Frucht ausgewachsen, aber noch schön fest ist. Reif für den direkten Verzehr ist sie je nach Sorte zwischen Juli und August. Um den Austrieb im nächsten Jahr zu fördern, werden die kräftigen Bodentriebe um ein Drittel gekürzt.

Es bleiben maximal sechs Triebe stehen, der Rest wird bodennah abgeschnitten.

ROTE JOHANNISBEEREN

Die rote Beere zählt zu den unkompliziertesten Obstsorten. Die Sträucher fühlen sich in fast allen Böden und an fast allen Standorten wohl. Allerdings stellt die Sägewespe ein großes Problem für die Johannisbeere dar. Um die Pflanze zu schützen, werden im Spätwinter nach innen wachsende Triebe entfernt und frische Triebe gekürzt. Dadurch entsteht ein kelchförmiges Gerüst, das die Wespe daran hindert, ihre Eier abzulegen. Rote Johannisbeeren sind zwischen Juni und Juli reif.

So schmeckt der Sommer.

MARMELADE KOCHEN

Das Einkochen von Marmelade ist eine wunderbare Möglichkeit, sich den Geschmack frischer Früchte über das gesamte Jahr zu bewahren. Alles, was man braucht, sind Früchte, Säure und Zucker. Darüber hinaus sind der Fantasie keine Grenzen gesetzt, um die Grundzutaten mit weiteren Aromen wie Vanille oder Rum zu ergänzen. Die Kochzeit beträgt nur wenige Minuten. Ganz nach Belieben kann die Marmelade anschließend noch püriert und durch ein feines Sieb gepresst werden. Auf diese Weise wird das Ergebnis samtig zart.

Zur Aufbewahrung wird die heiße Marmelade in Gläser – bis zum Rand – abgefüllt und sofort verschlossen. Es entsteht ein Vakuum, das das Eindringen von Luft und Bakterien verhindert und die Marmelade haltbar macht. So kann sie bis zu einem Jahr lang verzehrt werden.

1:1 ODER 2:1?

Beim Gelieren von Früchten ist der Pektingehalt entscheidend. Chemisch betrachtet handelt es sich dabei um Zuckerverbindungen. Das bedeutet: Je höher der Pektingehalt einer Frucht, desto mehr Zucker bringt er mit und desto weniger Geliermittel wird benötigt. Am höchsten ist der Pektingehalt, kurz bevor die Früchte reif sind. Früchte wie Erdbeeren, Kirschen oder auch Rhabarber enthalten nur wenig Pektin. Dagegen ist in Äpfeln, Johannisbeeren, Quitten oder Stachelbeeren sehr viel Pektin enthalten. Aprikosen, Pflaumen, Mirabellen, Himbeeren und Brombeeren haben einen mittleren Pektingehalt.

Bevor es Gelierzucker gab, wurden die Früchte mit einfachem Zucker so lange gekocht, bis das enthaltene Pektin die Masse gelierte. Bei Früchten, die wenig Säure enthalten, wurde noch Zitronensaft dazugegeben. Heute verwenden wir Gelierzucker, den es in verschiedenen Konzentrationen gibt. Üblich ist Gelierzucker im Verhältnis 1 : 1. Heißt, der Anteil an Zucker ist genauso hoch wie der Anteil an Früchten. Wer es lieber weniger süß mag, verwendet Gelierzucker in den Konzentrationen 2 : 1 oder 3 : 1.

BAUMOBST: KÖSTLICHE VIELFALT AUS DEM EIGENEN GARTEN

Äpfel, Birnen, Kirschen oder Pflaume – Baumobst liefert im Frühling wunderschöne Blüten und eine reiche Ernte an leckeren Früchten im Sommer und Herbst. Die Vielfalt an Sorten und Geschmacksrichtungen begeistert alle Obstliebhaber. Mit den

ERDBEERTORTE MIT SCHLAG
1 SPRINGFORM Ø 26 CM

Was ist mehr Sommer als frische Erdbeeren auf einem luftigen Biskuitboden mit einem Schlag Sahne?

FÜR DEN BISKUITBODEN
5 Eiweiß
5 Eigelb
5 EL kaltes Wasser
250 g Zucker
100 g Mehl
100 g Stärkemehl

FÜR DEN BELAG
700 g Erdbeeren
1 Päckchen roter Tortenguss

1 Eiweiß und Wasser mit dem Schneebesen des Mixers auf höchster Stufe steif schlagen. Zucker hinzufügen und die Masse so lange schlagen, bis sich der Zucker gelöst hat. Eigelb dazugeben und auf niedrigster Stufe kurz unterrühren. Stärkemehl und Mehl vorsichtig mit einem Kochlöffel unterheben
2 Den Teig in eine mit Backpapier ausgelegte Backform geben
3 Backzeit: 25 Minuten, Backtemperatur: 180 Grad (Umluft)
4 Den gebackenen Boden zehn Minuten im ausgeschalteten Ofen bei offener Tür stehen lassen. Nach dem Auskühlen die Erdbeeren und den Tortenguss auf dem Boden verteilen

STACHELBEERMARMELADE
4 GLÄSER À 350 ML

Eine unwiderstehliche Mischung aus süßen Stachelbeeren und leicht säuerlichen Himbeeren

750 g Stachelbeeren
250 g Himbeeren
150 ml Johannisbeersaft
3 EL Zitronensaft
1 TL Vanilleextrakt
500 g Gelierzucker (2:1)

1 Stachelbeeren waschen, trocken tupfen und das trockene, braune Ende entfernen
2 Die Früchte mit dem Saft in einem Topf aufkochen. Im geschlossenen Topf circa fünf Minuten bei mittlerer Hitze köcheln lassen
3 Den Gelierzucker und den Vanilleextrakt zugeben und die Früchte circa fünf Minuten sprudelnd kochen. Anschließend die Masse mit einem Stabmixer pürieren und durch ein grobes Sieb streichen
4 Die heiße Marmelade in vier saubere Einmachgläser füllen, verschließen und abkühlen lassen

richtigen Anbaumethoden und etwas Sorgfalt kann jeder erfolgreich Obstbäume pflanzen und Obst selbst im eigenen Garten anbauen. Ob frisch gepflückt, in Kuchen und Desserts verarbeitet oder zu köstlicher Marmelade eingekocht, sind die Möglichkeiten nahezu unendlich.

ÄPFEL

Je mehr Sonne die Äpfel abbekommen, desto mehr Vitamine enthalten sie. Der Standort ist beim Pflanzen des Apfelbaums also ein wichtiger Faktor. Er muss aber nicht nur sonnig sein, sondern auch Platz für mindestens zwei Bäume bieten. Äpfel sind auf einen zweiten Baum als passenden Befruchter im Umkreis von einhundert Metern angewiesen. Gepflanzt werden die Apfelbäume idealerweise im Herbst. Dann haben sie ausreichend Zeit, bis zum nächsten Frühjahr kräftige Wurzeln auszubilden.

Die Bäume blühen von Mitte April bis Mitte Mai. Mit dem „Junifall" trennt sich der Baum von Früchten, die nicht ausreichend bestäubt wurden. Damit nicht zu viele Äpfel an den Ästen wachsen, sorgt ein Sommerschnitt im Juli und August dafür, den Wuchs zu begrenzen. Geerntet wird je nach Sorte von August bis Ende Oktober.

BIRNEN

Der beste Standort für einen „Birnenbaum" ist direkt vor einer sonnigen Mauer. Zwar vertragen die Früchte kühlere und feuchtere Bedingungen, brauchen aber auch viel Sonne und Schutz vor Wind. Idealerweise wachsen sie an einem Spalier, um Wildwuchs zu vermeiden und möglichst hohe Erträge zu erzielen – sie tragen umso mehr Früchte, je waagerechter die Zweige stehen.

Wie der Apfel brauchen auch Birnen einen passenden Befruchter, damit sie Früchte tragen. Der beste Zeitpunkt, um Birnenbäume zu pflanzen, ist der Herbst. Geerntet wird je nach Sorte zwischen August und Oktober. Zu den typischen norddeutschen Sorten zählen „Clapps Liebling" oder die „Bürgermeisterbirne". Im Winter verleiht ein Schnitt dem Birnenbaum eine schöne Form und sorgt dafür, dass er reichlich Blüten und damit Früchte entwickelt.

PFLAUMEN

Pflaumen bevorzugen feuchtere und schwerere Böden als andere Obstgehölze. Um im Hochsommer und Herbst eine reiche Ernte einzufahren, ist ein sonniger Standort von Vorteil. Die Blüten der Pflaumen öffnen sich bereits im Frühjahr, wenn es noch Frost gibt. Da sie frostanfällig sind, sollten sie mit einem Vlies geschützt werden. Grundsätzlich benötigen Pflaumenbäume keinen Schnitt. Sollte dennoch ein Schnitt erforderlich sein, ist ein regenfreier Tag im Juni ideal.

PFLAUME ODER ZWETSCHGE?

Zwetschgen sind eine Unterart der Pflaume und unterscheiden sich in Größe, Form, Farbe und Geschmack. Die Zwetschge ist länglich, die Haut bläulich-lila und sie ist kleiner als die Pflaume. Ihr säuerliches Fruchtfleisch ist gelb und löst sich leicht vom Kern. Die Pflaume gibt es dagegen in verschiedenen Farben von Gelb über Rot bis Blau und Lila, Grün und sogar Schwarz. Das süße und saftige Fruchtfleisch lässt sich nur schwer vom Kern lösen.

MIRABELLEN

Eine weitere Unterart der Pflaume sind die Mirabellen. Das gelbe Steinobst hat eine glatte Schale. Sie schmecken herrlich süß und verbreiten am Baum einen unwiderstehlichen Duft nach Honig. Mirabellenbäume werden im Herbst an einem warmen, windgeschützten Standort

SÜSSES ODER SAURES?

Süßkirschen oder auch Tafelkirschen schmecken süß und saftig. Sie sind in der Regel groß, rund und haben eine glatte Oberfläche. Sauerkirschen dagegen haben einen sauren bis leicht säuerlichen Geschmack, sind kleiner als Süßkirschen und haben oft eine rötliche oder dunkelrote Farbe.

Süßkirschen eignen sich hervorragend für Desserts, Kuchen, Kompotte und Marmeladen. Sie werden aber auch oft direkt verzehrt. Sauerkirschen werden aufgrund ihres sauren Geschmacks hauptsächlich für die Herstellung von Kirschkuchen, Kirschsaft, Kirschlikör, Kirschmarmelade und anderen süßen oder herzhaften Gerichten verwendet.

Süßkirschen und Sauerkirschen haben unterschiedliche Anforderungen an Klima und Boden. Süßkirschen bevorzugen wärmere Klimazonen und benötigen mehr Sonnenlicht, um optimal zu gedeihen. Sie werden häufiger in südlicheren Regionen angebaut. Sauerkirschen sind widerstandsfähiger gegenüber kalten Temperaturen und können in gemäßigteren Klimazonen gedeihen, weshalb sie häufig im Norden anzutreffen sind.

in lockerem, nährstoffreichem und leicht feuchtem Boden gepflanzt. Im Frühjahr wird der Baum ausgelichtet, um einen guten Ertrag zu gewährleisten. Geerntet wird im Herbst.

KIRSCHEN

Kirschbäume werden im Herbst oder an frostfreien Tagen im Frühjahr gepflanzt. Sie bevorzugen einen warmen, sonnigen und geschützten Platz. Ein gut durchlüfteter Boden mit einem hohen Humusanteil ist ideal. Staunässe sollte vermieden werden. Je nach Sorte sind Kirschbäume selbstfruchtbar. Sorten, die nicht selbstfruchtbar sind, brauchen einen weiteren Kirschbaum in der Nähe als Befruchter. Kirschbäume werden nach dem Pflanzen gedüngt. Ein Erziehungsschnitt erfolgt in den ersten Jahren nach Pflanzung. Netze schützen die kostbare Ernte vor gefräßigen Vögeln. Je nach Sorte haben die Früchte einen Durchmesser von 22 bis 28 Millimeter. Sortenbedingt unterscheiden sie sich in Festigkeit und Farbe: Das Fruchtfleisch kann weich oder knackig fest sein. Zur Reifezeit zwischen Ende Juni und Mitte August ist die Farbe der Frucht je nach Sorte rot, nahezu schwarz oder hellrot gestreift.

QUITTEN

Im Frühjahr bieten die zahlreichen großen weißen und hellrosa Blüten einen traumhaften Anblick, im Herbst sind die goldgelben Früchte eine echte Augenweide. Trotzdem ist die Quitte eher selten in Gärten anzutreffen. Das mag daran liegen, dass man die Frucht nicht roh essen kann. Quitten lieben sonnige, windgeschützte Standorte, sind ansonsten aber recht anspruchslos. Da junge

Quittenbäume sehr frostempfindlich sind, werden sie erst im späten Frühjahr gepflanzt und mit einem Gartenvlies geschützt. Ansonsten sind sie sehr pflegeleicht, brauchen nur bei großer Trockenheit Wasser, alle zwei Jahre Dünger und müssen kaum geschnitten werden. Ist ein Schnitt notwendig, um die Krone auszulichten oder einzelne Triebe zu kürzen, ist der ideale Zeitpunkt vor der Blüte im Frühjahr. Quitten werden Anfang bis Ende Oktober geerntet.

APFEL- UND BIRNENQUITTEN

Ihre Namen verdanken die Früchte ihrer Form, die entweder der eines Apfels oder jener einer Birne gleicht. Apfelquitten haben ein etwas härteres und trockeneres Fruchtfleisch. Birnenquitten sind weicher, ihr Aroma ist weniger herb.

Apfelquitte links, Birnenquitte oben

OBSTKUCHEN MIT STREUSELN
1 BLECH

Zwischen lockerem Boden und süßen Streuseln tummeln sich jede Menge saftige Früchte. Ob Apfel, Pflaume, Aprikose oder Kirschen – der Quark-Öl-Teig gelingt immer!

FÜR DEN TEIG
200 g Quark
6 EL Milch
8 EL Öl
400 g Mehl
100 g Zucker
1 Vanillezucker
2 TL Backpulver
1 Ei

FÜR DEN BELAG
ausreichend Obst nach Wahl (Äpfel, Pflaumen, Aprikosen, Kirschen etc.)

FÜR DIE STREUSEL
375 g Mehl
250 g Zucker (wahlweise weißer oder brauner)
250 g Butter

1 Für den Teig alle Zutaten miteinander vermengen, mit einer Kuchenrolle auf dem Backblech ausrollen und mit ausreichend Obst belegen
2 Für die Streusel die Zutaten vermischen und über den Kuchen verteilen
3 Backzeit: 50 bis 60 Minuten, Backtemperatur: 175 Grad (Ober- und Unterhitze)

PFLAUMENMUS
12 GLÄSER Á 350 ML

Pflaumenmus ist herrlich sämig zum Frühstück auf einem frischen Brötchen, zu Pancakes oder als Füllung für die Friesentorte.

3 kg Pflaumen
600 g Zucker
8 Gewürznelken
5 Zimtstangen
2-3 EL Rum oder Amaretto
1 Stange Vanillemark

1 Pflaumen entkernen und mit dem Zucker über Nacht ziehen lassen
2 Die Pflaumen circa eineinhalb Stunden auf kleiner Flamme kochen und nicht umrühren. Dann noch eine halbe Stunde unter Rühren weiterkochen lassen
3 Rum, Zimt und Vanille dazugeben und das Pflaumenmus in Gläser abfüllen

Apfel- und Kirsch-
blüte im Alten Land

EIN ABSTECHER INS ALTE LAND

Vor den Toren Hamburgs befindet sich mit dem Alten Land ein einzigartiges Stück Norddeutschland, das für seine Obstplantagen, traditionelle Fachwerkhäuser, eine reiche Geschichte und seine landschaftliche Schönheit bekannt ist. Das Alte Land erstreckt sich entlang der Elbe im Bundesland Niedersachsen und zählt zu den größten Obstanbaugebieten Europas.

Die Geschichte des Alten Lands reicht bis ins 12. Jahrhundert zurück, als niederländische Siedler in die Gegend kamen und mit dem Obstanbau begannen. Da dieses Gebiet im Vergleich zu den umliegenden Gebieten bereits lange Zeit besiedelt war, wurde es als das „Alte Land" bezeichnet.

Heute ist das Alte Land vor allem für den Anbau von Äpfeln und Kirschen bekannt. Apfelbäume machen mehr als achtzig Prozent der Obstbäume im Alten Land aus, gefolgt von Kirschbäumen mit gut zehn Prozent. Darüber hinaus werden hier auch Pflaumen, Birnen und verschiedenste Beeren angebaut – vereinzelt sogar Pfirsiche.

Die fruchtbaren Böden, das maritime Klima und die Nähe zur Elbe schaffen ideale Bedingungen für den Obstanbau. Viele Bauernfamilien betreiben hier seit Generationen Obstplantagen und setzen dabei auf traditionelle Anbaumethoden. Neben dem kommerziellen Anbau gibt es auch kleine Hofläden und Obststände, in denen Besucherinnen und Besucher frische Früchte direkt vom Baum kaufen können. Entsprechend ist das Alte Land bei Hamburgerinnen und Hamburgern und auch bei Touristinnen und Touristen sehr beliebt. Es gibt zahlreiche Fahrrad- und Wanderwege, die durch die Obstplantagen und entlang der Elbe führen. Vor allem zur Zeit der Obstblüte im Frühling ist das Alte Land definitiv einen Besuch wert.

APFELSAFT

Wer genug hat von Apfelkuchen und Apfelmus oder noch viele Äpfel übrig, kann die Apfelernte nutzen, um seinen eigenen Apfelsaft herzustellen. Im Gegensatz zu Säften aus dem Supermarkt kommt der selbst gemachte Apfelsaft ohne Zucker und Konservierungsstoffe aus. Einfach die Äpfel im Entsafter auspressen und anschließend im Topf erwärmen – aber nicht kochen. Den fertigen Saft in Flaschen füllen und pur oder als Saftschorle genießen.

NORDDEUTSCHE APFELSORTEN

In Deutschland gibt es schätzungsweise über 2000 Apfelsorten. Zu den regionalen Sorten im Norden zählen:

- Holsteiner Cox
- Finkenwerder Herbstprinz
- Gloster
- Altländer Pfannkuchenapfel
- Prinz Albrecht von Preußen
- Celler Dickstiel
- Seestermüher Zitronenapfel

SCHLARAFFENLAND AM WEGESRAND: WEGOBST IN HAMBURG ENTDECKEN

Hamburg hat fast 250 000 Straßenbäume, darunter auch Obstbäume, an denen sich jeder frei bedienen kann. Die Organisation „Mundraub" weist mit einer interaktiven Karte den Weg zu den kostenlosen Früchten.

Wer aufmerksam durch Hamburgs Straßen, Parks und Grünanlagen geht, kann sie an zahlreichen Orten entdecken: Obstbäume und -sträucher. Über das Stadtgebiet verteilt finden sich Apfel-, Birnen-, Kirsch- oder Pflaumenbäume, deren Früchte der Allgemeinheit gehören. Wer mag, kann hier Früchte für den Eigenbedarf pflücken: kostenlos, regional, saisonal, unverpackt und damit hundert Prozent nachhaltig. Neben Baumobst gibt es auch ein reichhaltiges Angebot an Beeren, Nüssen und Kräutern.

„KLAUN, KLAUN, ÄPPEL WOLLN WIR KLAUN"

In Hamburg wird auf einer Fläche von rund 1573 Hektar Baumobst kommerziell angebaut. Hier ist das Pflücken natürlich nicht erlaubt, sondern erfüllt den Tatbestand des Diebstahls. Orientierung, wo Hamburgerinnen und Hamburger heimisches Obst im öffentlichen Raum finden, bietet die interaktive Karte der Initiative „Mundraub". So kann man beispielsweise in der St. Pauli Hafenstraße ganz legal Äpfel und Kirschen pflücken.

„MENSCHEN MIT OBSTBÄUMEN VERBINDEN"

Ziel der Organisation, die 2009 gegründet wurde und mittlerweile über 100 000 registrierte Nutzerinnen und Nutzer aufweist, ist es, Menschen zusammenzubringen, die sich gemeinsam engagieren, um Fundorte miteinander zu teilen, gemeinsame Pflanz- und Ernteaktionen durchzuführen oder sich in regionalen Gruppen auszutauschen. Auf der Mundraub-Karte tragen Mitglieder die Fundorte von Obstbäumen, Obststräuchern, Nüssen und Kräutern ein, die der Allgemeinheit frei zugänglich sind. Damit weist mundraub.org nicht nur den Weg zu leckerem, kostenlosem Obst, sondern schafft gleichzeitig ein Bewusstsein dafür, seine Umgebung mit kulinarischem Sinn wahrzunehmen und die Gaben der Natur miteinander zu teilen.

Vollkommen legal: In der Hafenstraße pflücken Passanten Äpfel vor der Kulisse des Hamburger Hafens.

Die interaktive Karte von Mundraub.org zeigt, wo man im Hamburger Stadtgebiet Obst in kleinen Mengen für den Eigenbedarf pflücken darf.

REGIONAL UND SAISONAL: GEMÜSE IM EIGENEN GARTEN ANBAUEN

Frisches regionales Gemüse aus dem Freilandanbau ist lecker, gesund und schont die Umwelt. Und es lässt sich auch ganz einfach im eigenen Garten anbauen.

Wir haben uns daran gewöhnt, dass zahlreiche Gemüsesorten im Supermarkt jederzeit erhältlich sind. Diese Vielfalt geht allerdings zulasten des Geschmacks, der enthaltenen Nährstoffe und vor allem der Umwelt. Gemüse aus ganz Europa oder Übersee haben einen weiten Weg hinter sich und belasten durch den Transport die CO_2-Bilanz. Gleichzeitig leidet die Qualität: Sie enthalten weniger Geschmack und Vitamine und sind oft mit Rückständen von Pestiziden belastet.

Wer Gemüse nachhaltig konsumieren möchte, entscheidet sich für regionales saisonales Gemüse. Oder baut es im eigenen Garten selber an. Gurken, Tomaten, Salate, Radieschen, Kartoffeln und Co. lassen sich hervorragend im Freiland, in Hochbeeten oder Balkonkästen anpflanzen.

DIE QUAL DER WAHL

Das Angebot ist groß. Bei der Wahl der Gemüsesorten, die selbst angepflanzt werden, spielt natürlich der persönliche Geschmack eine große Rolle. Darüber hinaus gibt es aber weitere Kriterien, die bei der Auswahl berücksichtigt werden sollten.

Mit Gurken kann man nicht viel falsch machen.

SAMENFEST STATT F1-HYBRIDE

Ein weiterer Vorteil alter Gemüsesorten ist, dass die Pflanzen samenfest sind. Das bedeutet, sie können problemlos über das eigene Saatgut vermehrt werden. Während man sich hier von Generation zu Generation auf gleichbleibende Eigenschaften verlassen kann, spalten sich die positiven Eigenschaften einer gezüchteten F1-Hybrid-Elternpflanze in der nächsten Generation meist wieder auf.

So müssen die Ansprüche der Gemüsesorten zu den klimatischen Bedingungen passen. Insbesondere im Norden Deutschlands gibt es eine Vielzahl von heimischen Gemüsesorten, die sich hervorragend an das kühle Klima und die Bodenbedingungen anpassen. Dazu zählen beispielsweise Möhren, Pastinaken, Kohlrabi, Rote Bete oder Grünkohl.

Wer keine Erfahrung im Gemüseanbau mitbringt und auch nicht viel Aufwand betreiben will, kann mit Gemüse wie

- Kartoffeln
- Zwiebeln
- Salaten
- Spinat
- Radieschen
- Gurken
- Buschbohnen
- Möhren
- Kürbis
- Rhabarber
- Zucchini

eigentlich nichts falsch machen. Diese Gemüse wachsen fast wie von selbst: Vorausgesetzt, sie haben genug Platz, bekommen ausreichend Sonne, stehen windgeschützt und werden regelmäßig gewässert. Für natürlichen Schutz vor Schädlingen kann dabei die Mischkultur sorgen.

ÜBER GENERATIONEN PERFEKT ANGEPASST

Früher standen sie regelmäßig auf dem Speiseplan, gerieten dann in Vergessenheit und erleben jetzt ihr großes Comeback in urbanen Gemüsegärten. Die Rede ist von alten Gemüsesorten wie Pastinake, Steckrübe oder Rote Bete. Diese alten Sorten gelten als besonders robust, da sie sich über Generationen an die regionalen Bedingungen angepasst haben und nahezu problemlos mit der Kälte und Nässe im Norden (aber auch mit Trockenheit) zurechtkommen.

Alte Sorten wachsen langsamer als neue Sorten oder Saatgut, das auf einen möglichst hohen Ertrag getrimmt ist. Dadurch haben sie mehr Zeit, um Nährstoffe und sekundäre Pflanzenstoffe auszubilden. Den sekundären Pflanzenstoffen werden zahlreiche positive Eigenschaften zugeschrieben:

- Sie schützen die Pflanzen vor Schädlingsbefall,
- wirken antioxidativ, entzündungshemmend, stärken das Immunsystem und
- halten den Blutdruck und die Cholesterinwerte in Schach. ➥

ALTE GEMÜSESORTEN
IN HAMBURGS GÄRTEN

Von links oben nach rechs unten: Mangold, Rote Bete, Bunte Bete, Möhren

MANGOLD

Mit seinen gelben, roten und violetten Stielen ist der Mangold ein echter Hingucker im Gemüsebeet. Geerntet wird in den Sommermonaten von Juni bis September.

BUNTE MÖHREN

Im Herbst kommen neben den klassischen orangenen Möhren auch weiße, gelbe oder violette Möhren auf den Tisch. Sie schmecken besonders süß und bringen noch mehr Vitamine mit als der Klassiker.

PASTINAKEN

Ob als Ofengemüse, Püree, Suppe oder Rohkost, steht von Oktober bis November die Pastinake mit ihrem süßlichen Aroma auf dem Speiseplan.

ROTE BETE

Eigentlich ein traditionelles Wintergemüse, aber mittlerweile fast das ganze Jahr in regionalen Gärten vertreten, ist die Rote Bete. Das Tolle: Nicht nur die Knolle, sondern auch die Blätter und Stiele können in der Küche verwertet werden.

BUNTE BETE

Es gibt sie nicht nur in Rot, sondern auch in Weiß, Gelb und sogar geringelt. Im Vergleich zum Klassiker schmeckt sie leicht süß und weniger erdig. Sie wird im Spätsommer reif und kann bis in den November hinein geerntet werden.

Links: Pastinaken, rechts: Petersilien-
wurzeln

PETERSILIENWURZEL

Sie wird häufig mit der Pastinake
verwechselt. Allerdings schmeckt
die Petersilienwurzel deutlich würzi-
ger und hat von Ende Oktober über
den Winter hinaus bis Ende Februar
Saison.

STECKRÜBE

Klassisch findet die Steckrübe mit
ihrem leicht nussigen Geschmack
Verwendung in deftigen Eintöpfen.
Sie eignet sich aber auch hervorragend als Beilage, beispielsweise als
Püree zu Fisch. Auf den Tisch kommt
sie von Oktober bis Dezember.

TOPINAMBUR

Ein Wurzelgemüse, das mit seinem
nussigen Aroma unscheinbar daher-
kommt. Dabei ist es vielseitig als Beilage einsetzbar. Topinambur hat von
Oktober bis zum ersten Frost Saison
und sollte frisch verzehrt werden: Im
Gegensatz zu anderen Gemüsesorten lässt er sich nicht lange lagern.

Links: Steckrüben,
unten: Topinambur

NABU EMPFIEHLT …

Im Gartenmarkt sucht man häufig
vergeblich nach ökologisch oder
regional erzeugten Sämereien
und Pflanzen sowie nach Saatgut
seltener alter Sorten. Der Natur-
schutzbund Deutschland e. V.
(NABU) bietet hier Unterstützung
und veröffentlicht auf seiner
Website eine Liste ausgewählter
Produzenten und Versender. Alternativ bieten **Saatgutbörsen**,
die regelmäßig in Hamburg
veranstaltet werden, die perfekte Gelegenheit, Saatgut und
Erfahrungen zu sammeln und
auszutauschen.

Woher kommt das Saatgut? Samenfestes oder biologisches Saatgut gibt es im ausgewählten Handel, bei Züchterinnen und Züchtern oder Initiativen.

SAISONKALENDER

Diese alten Sorten sind natürlich nicht alles, was der nordische Gemüsegarten zu bieten hat. Einen Überblick, wann welche Gemüse frisch aus dem Garten auf den Teller kommen, bietet ein Saisonkalender.

JUNGPFLANZEN ODER EIGENE AUSSAAT?

Wer Gemüse im eigenen Garten anbauen möchte, hat die Wahl zwischen Jungpflanzen, die bereits in Gärtnereien oder Baumschulen vorgezogen wurden, oder der Aussaat der Samen.

Der Anbau von Gemüse mit Jungpflanzen ist eine effiziente Methode, um Pflanzen zu kultivieren, die bereits eine gewisse Entwicklungsstufe erreicht haben. Diese Jungpflanzen sind bereits einige Wochen oder Monate alt und haben gegenüber der eigenen Aussaat einen Vorsprung, der zu einer schnelleren Ernte führen kann. Der Anbau mit Jungpflanzen ist besonders vorteilhaft für Gemüsesorten, die eine längere Vegetationsperiode haben oder in kühleren Regionen angebaut werden sollen, in denen die Saison begrenzt ist.

Dagegen erfordert die Aussaat von Samen wesentlich mehr Zeit und Aufwand. Viele Gemüsesorten sind frostempfindlich. Daher werden die Samen, bevor sie ins Freiland kommen, zunächst im Haus oder in einem Gewächshaus vorgezogen. Sie benötigen spezielle Erde, die nur wenig Dünger enthält. In dieser sogenannten Anzuchterde wachsen die Pflanzen nicht zu schnell und werden dadurch besonders kräftig.

Das Saatgut wird in spezielle Anzuchttöpfe gepflanzt. Hier gibt es unterschiedliche Varianten, beispielsweise Töpfe aus einem Zellulosegemisch, die biologisch abbaubar sind und einfach samt Steckling im Freiland gepflanzt werden können. Alternativ können auch Eierkartons verwendet werden. Auf Anzuchttöpfe aus Plastik sollte mit Blick auf die Nachhaltigkeit im urbanen Gartenbau verzichtet werden.

Um zu keimen, benötigen die Samen einen warmen, sonnigen Platz. Idealerweise stehen sie in einem Minigewächshaus oder werden mit einem durchsichtigen Deckel abgedeckt. Sobald sie kräftig genug sind, werden die Stecklinge ins Freiland gesetzt. Ist es noch zu kalt, bleiben sie besser drinnen. Haben sie bereits eine gewisse Größe erreicht, müssen sie allerdings umgetopft werden, um sich weiterhin gut entwickeln zu können. Um sich den Aufwand zu erleichtern, ist der richtige Zeitpunkt für die Aussaat entscheidend.

Mit Milchsäure eingelegtes Gemüse: Kohlrabi, Karotten und Radieschen

LÄNGER HALTBAR

Erntefrisch schmeckt das Gemüse aus dem eigenen Garten natürlich am besten. Die ersten Sorten sind bereits im April erntereif, andere Sorten begleiten uns über den Winter bis ins neue Jahr hinein. Dank Verfahren wie Einkochen, Einlegen, Einmachen, Einfrieren oder Trocknen können wir Sommergemüse und Kräuter haltbar machen, um sie auch im Winter zu verwenden.

Eine weitere altbewährte und einfache Methode, Gemüse länger haltbar zu machen, ist das Fermentieren. Dabei handelt es sich um ein Verfahren, bei dem durch die Milchsäuregärung Schimmel und unerwünschte Bakterien unschädlich gemacht werden. Durch die Gärung wird aber nicht nur ein Milieu geschaffen, in dem sich Gemüse sehr lange hält. Zusätzlich entstehen Vitamine, die das ohnehin gesunde Gemüse noch gesünder machen.

Grundsätzlich eignen sich alle Gemüsesorten für die Fermentierung. Allerdings zerfallen weiche Gemüse durch den Prozess sehr schnell. Kohl, Wurzelgemüse, Bohnen, Rote Bete, Paprika oder Kürbis bleiben dagegen bissfest.

Zum Fermentieren wird das klein geschnittene oder in feine Streifen gehobelte Gemüse mit Salz vermengt. Als Faustregel gilt: etwa zwei bis vier Prozent der Gemüsemenge an Salz hinzugeben. Damit der Saft aus dem Gemüse tritt, wird das Salz mit dem Gemüse kräftig vermischt. Und anschließend in Gläser gefüllt und fest verschlossen. Damit sich das Gemüse hält, darf es nicht mit der Luft in Berührung kommen und muss vollständig von der Salzlake bedeckt sein.

WAS TUN MIT DER ZUCCHINI-ERNTE?

Im April zieht sie als kleiner Samen zusammen mit Auber-gine, Kohlrabi, Möhre & Co. in die Aussaatschale ein, bevor es Ende Mai raus ins Freiland oder Hochbeet geht. Die hübschen gelben Blüten sind der Vorbote einer reichhaltigen Ernte.

Noch ist der Ertrag überschaubar.

Während man im Juni ungeduldig auf die ersten Früchte wartet, fragt man sich bei einem regelmä-ßigen und reichhaltigen Ertrag, der sich bis Ende September hinziehen kann: Was tun mit den Früch-ten, die uns die Zucchinipflanze bis in den Herbst beschert?

TAUSEND ARTEN DER ZUBEREITUNG

Im Sommer stehen Zucchini also vermehrt auf dem Speiseplan. Der Klassiker, den wir vermutlich alle kennen, ist die mit Hack gefüllte Zucchini. Nicht jedermanns Ding. Zum Glück gibt es aber ja zahlrei-che vegetarische und vegane Alternativen, die Zuc-chini zuzubereiten.

Zucchinisuppe, Zucchini-Quiche, als Klassi-ker in der mediterranen Gemüsepfanne, Antipasti oder auch Moussaka: Statt klassisch Kartoffeln und Auberginen zu verwenden, werden die Zutaten ein-fach mit Süßkartoffeln und Zucchini ersetzt. Um in der griechischen Küche zu bleiben, wird beim Tsa-tsiki die Salatgurke von der Zucchini abgelöst.

Hübsch anzusehen:
Die leuchtend gelbe
Blüte der Zucchini
erfreut das Auge.

DAS GANZE JAHR GENIESSEN

Versteckt unter großen Blättern, leise, still und
heimlich erreichen die Früchte eine Länge von bis
zu dreißig Zentimetern und ein Kampfgewicht von
einem Kilo. Lässt man sie länger wachsen, machen sie
ihrem Namen als Kürbisgewächs alle Ehre und erreichen eine entsprechende Größe und runde Form.
Dann können sie bis in den Winter hinein gelagert
werden. Oder die Zucchini wird eingelegt, um das
mediterrane Gemüse auch außerhalb der Saison zu
verspeisen. Das Grundrezept ist denkbar einfach:
Zucchini und Zwiebeln klein schneiden, salzen und
ziehen lassen, dann kurz kochen. Anschließend wird
das Gemüse in Weckgläser geschichtet, die mit einem
Sud aus Essig, Öl, Zucker, Wasser, Pfeffer, Salz und
einem Lorbeerblatt aufgefüllt und fest verschlossen
werden.

ZUCCHINI-TSATSIKI
6 PORTIONEN

300 g Zucchini
350 g Speisequark
300 g griechischer Joghurt
4 Knoblauchzehen
1 EL Weißweinessig
4 EL Ölivenöl
frisch gehackter Dill
Salz und Pfeffer

1 Zucchini grob raspeln und salzen.
Anschließend leicht ausdrücken.
Knoblauch schälen und fein hacken
oder pressen
2 Den Quark mit dem Joghurt verrühren. Den Knoblauch dazugeben
3 Olivenöl und Weißwein unter
Rühren einfließen lassen. Den frisch
gehackten Dill dazugeben und zum
Schluss mit Salz und Pfeffer abschmecken
4 Wer mag, dekoriert den Tsatsiki
vor dem Servieren mit Zwiebeln,
Tomaten und Oliven.

ZUCCHINI-MOUSSAKA
4 PORTIONEN

500 g Süßkartoffeln
600 g Zucchini
400 g gemischtes Hackfleisch
425 ml gehackte Tomaten (Dose)
150 g griechischer Joghurt
170 ml Milch
50 g Parmesankäse
2 Eier
1 EL Mehl
1 Knoblauchzehe
1 Zwiebel
4 Stiele Oregano
3 EL Öl
Salz
Pfeffer
Piment
Zimt

1 Süßkartoffeln schälen und in Salzwasser etwa zwanzig Minuten kochen. Kurz abkühlen lassen und in dünne Scheiben schneiden

2 Knoblauch und Zwiebeln schälen und fein würfeln

3 Zucchini in dünne Scheiben schneiden. Öl in einer Pfanne erhitzen und die Zucchinischeiben portionsweise beidseitig anbraten und mit Salz und Pfeffer würzen. Zucchinischeiben anschließend auf Küchenpapier legen

4 Zwei Stiele Oregano zum Garnieren beiseitelegen. Die Blätter des restlichen Oreganos grob hacken

5 Zwiebelwürfel in Öl in einer Pfanne andünsten. Das Hack dazugeben und anbraten. Nach fünf Minuten den Knoblauch kurz mitbraten. Anschließend die Dosentomaten zugeben und mit Salz, Pfeffer, Piment und etwas Zimt würzen. Zum Schluss den gehackten Oregano dazugeben

6 Für die Soße Mehl und Milch verrühren. Anschließend die Eier dazugeben und unter Rühren aufkochen. Mit Salz und Pfeffer abschmecken. Vier Esslöffel der Soße mit Joghurt verrühren und beiseitestellen

7 Eine Auflaufform fetten und abwechselnd Zucchini, Hack, Soße und Süßkartoffeln in Schichten einfüllen. Mit der beiseitegestellten Joghurtsoße abschließen und geriebenen Parmesan darübergeben

8 Den Ofen auf 200 °C (E-Herd)/ 175 °C (Umluft)/Stufe 3 (Gas) vorheizen und etwa 45 Minuten backen. Vor dem Servieren mit Oreganoblättchen garnieren

RHABARBER AUS DEM EIGENEN GARTEN FÜR MEHR VIELFALT IN DER KÜCHE

Nichts geht über Obst und Gemüse aus dem eigenen Garten. Ein heimisches Gemüse, das sich besonders gut für den Anbau in nordischen Gefilden eignet und eine Fülle an kulinarischen Möglichkeiten in der Küche bietet, ist der Rhabarber.

wird beim Gemüse nicht der Fruchtstand, sondern der Stängel verzehrt.

ROT ODER GRÜN?

Rhabarber gibt es in unterschiedlichen Sorten. Die rotfleischigen Sorten wie das „Vierländer Blut", die historisch norddeutsche Sorte „Elmsjuwel" oder „Canada Red" sind aufgrund ihres niedrigeren Gehalts an Oxalsäure weniger sauer. Zudem müssen sie meist kaum geschält werden. Der Klassiker unter den grünfleischigen Sorten ist das „Holsteiner Blut". Das auch als Blutrhabarber bekannte Gemüse ist außen kräftig rot und von innen grün. Im Vergleich zu den roten Sorten enthalten die grünen Sorten mehr Oxalsäure und schmecken mild-säuerlich. Je älter die Stiele sind, desto faseriger und holziger werden sie. Grüne Sorten müssen in der Regel vor dem Verzehr geschält werden.

PFLANZEN, PFLEGEN, ERNTEN

Rhabarber wird im Frühjahr gepflanzt. Die Rhabarberpflanze ist pflegeleicht und anspruchslos. Sie bevorzugt einen sonnigen bis halbschattigen Standort im Garten oder im Hochbeet. Der Boden sollte nährstoffreich, gut durchlässig und feucht sein. Um das Wachstum zu fördern und den Ertrag zu steigern, empfiehlt es sich, den Boden vor der Auspflanzung mit Kompost oder verrottetem Mist anzureichern.

Ja, genau – Rhabarber ist ein Gemüse. Obwohl wir die langen rot-grünen Stangen gerne wie Obst in Form von Süßspeisen wie Marmelade, Kompott oder saftigen Kuchen zubereiten, wird der Rhabarber, der zu den Knöterichgewächsen zählt, botanisch dem Gemüse zugeordnet. Denn im Gegensatz zu Obst

Die Pflanzen brauchen viel Platz und sollten einen Abstand von etwa neunzig Zentimetern zueinander haben. Die Knospen müssen dabei knapp über der Erdoberfläche liegen. Während des Wachstums benötigt Rhabarber regelmäßig Wasser und gelegentlich Dünger.

Damit die Rhabarberpflanze starke und saftige Stiele ausbilden kann, wird erst nach zwei bis drei Jahren geerntet. So kann sie kräftigere Wurzeln bilden und entwickelt sich zu einer ausdauernden Pflanze, die über viele Jahre hinweg einen Ertrag liefert. Sind die Stiele fest und dick, ist der Rhabarber reif. Zum Ernten werden die Stiele mit einem Ruck einfach abgedreht, ohne die Pflanze zu verletzen. Daher sollte zum Ernten auch kein Messer verwendet werden. An den Schnittstellen können sich sonst schädliche Erreger bilden, die die Pflanze schwächen oder sie sogar absterben lassen. Wichtig ist auch, niemals die ganze Pflanze auf einmal zu ernten. Sie bleibt kräftiger, wenn höchstens ein Drittel von ihr abgenommen wird. Mit der Zeit wachsen die Stängel nach, sodass wir uns mehrere Wochen über frischen Rhabarber freuen können.

Im Norden wird der Rhabarber je nach Sorte zwischen Anfang Mai und Ende Juni geerntet. Nach dem Johannistag, dem 24. Juni, sollten die meisten Rhabarbersorten nicht mehr geerntet werden, da der Gehalt der Oxalsäure mit dem fortschreitenden Jahr steigt. Zu viel Oxalsäure ist giftig und kann gesundheitsschädliche Folgen haben. Daher werden die Blätter, die grundsätzlich einen hohen Anteil der Säure enthalten, auf keinen Fall mitgegessen.

RHABARBER-REZEPTE: VON SÜSS BIS HERZHAFT

Am besten kommt der Rhabarber frisch auf den Tisch. Alternativ bleibt er eingeschlagen in ein feuchtes Handtuch länger frisch oder er wird eingefroren. Zum Einfrieren wird der Rhabarber geputzt, geschält und klein geschnitten und in einem Gefrierbehälter verschlossen.

Ob frisch oder tiefgefroren, bringt Rhabarber reichlich Abwechslung in die Küche. Er kann sowohl roh als auch gekocht verwendet werden und eignet sich zur Herstellung zahlreicher süßer, aber auch herzhafter Speisen. So einfach wie Pflanzung, Pflege und Ernte ist auch die Zubereitung.

Rhabarberkompott oder -marmelade dürfen hier natürlich nicht fehlen. Ganz zu schweigen von saftigem Rhabarberkuchen für die nachmittägliche Kaffeetafel. Aber auch das Rhabarber-Chutney, das herzhaften Gerichten eine angenehme Säure und Frische verleiht, und das Rhabarber-Tomaten-Ketchup machen sich auf der Grillparty gut.

RHABARBER-VANILLE-MARMELADE
ETWA VIER GLÄSER À 200 G

900 g Rhabarber
300 g Zucker
4 EL Vanilleextrakt
6 EL Wasser

1 Erntefrischen Rhabarber waschen, bei Bedarf schälen und klein schneiden. Zusammen mit dem Zucker, dem Vanilleextrakt und Wasser in einen Topf geben und etwa fünf Minuten bei geringer Hitze erwärmen, bis sich der Zucker auflöst
2 Anschließend die Temperatur erhöhen und die Marmelade zehn Minuten unter Rühren köcheln lassen
3 Die Marmelade heiß in Einmachgläser füllen und sofort verschließen

RHABARBERKUCHEN MIT WEISSER SCHOKOLADENCREME
EINE SPRINGFORM (Ø 24 CM)

FÜR DEN TEIG:
250 g weiche Butter
180 g Zucker
185 g Mehl
65 g Mandeln
4 Eier (Größe M)
1,5 TL Backpulver

FÜR DAS KOMPOTT:
650 g Rhabarber
90 g Zucker
25 g Butter
2 EL Wasser
1 EL Speisestärke

FÜR DIE SCHOKOLADENCREME:
250 g Mascarpone
150 g weiße Kuvertüre
50 ml Rhabarbersaft

1 Den Rhabarber waschen, falls nötig schälen und in kleinere Stücke schneiden. Zusammen mit der Butter und dem Zucker in einen Topf geben und bei mittlerer Hitze circa fünf Minuten köcheln lassen. Das Wasser mit der Speisestärke verrühren und in den Topf geben. Noch mal fünf Minuten köcheln, bis der Rhabarber weich ist. Danach das Kompott vollständig auskühlen lassen

2 In der Zwischenzeit den Zucker mit der Butter schaumig schlagen und die Eier nach und nach unterrühren. Mehl, Backpulver und Mandeln dazugeben. Anschließend etwa 4 Esslöffel des Kompotts beiseitestellen und den Rest unter den Teig rühren. Den Teig in eine gefettete Form füllen und im vorgeheizten Ofen (Ober- und Unterhitze 175 °C) auf mittlerer Schiene 50 Minuten backen

3 Für die Schokoladencreme die Kuvertüre über dem Wasserbad schmelzen und danach kurz abkühlen lassen. Anschließend mit dem Rhabarbersaft und der Mascarpone verrühren. Die Creme über den vollständig ausgekühlten Kuchen streichen und mit dem restlichen Kompott verzieren

RHABARBER-CHUTNEY
VIER GLÄSER À 250 G

1000 g Rhabarber
160 g brauner Zucker
100 ml Apfelessig
4 Schalotten
12 cm Ingwerwurzel
2 TL Koriandersamen
2 TL Senfkörner
2 Lorbeerblätter
Salz
Pfeffer

1 Schalotten und Ingwer fein hacken. Koriander und Senfkörner im Mörser zerstoßen und mit den Schalotten, Ingwer, Lorbeerblättern, Zucker und Apfelessig aufkochen und fünf Minuten bei reduzierter Hitze köcheln lassen

2 Den Rhabarber waschen, bei Bedarf schälen und in ein Zentimeter kleine Stücke schneiden. Zum Gewürzsud geben und zehn Minuten unter gelegentlichem Umrühren einkochen lassen. Zum Schluss mit Salz und Pfeffer würzen

3 Das Chutney in Einmachgläser füllen, gut verschließen und auskühlen lassen

STREUSELKUCHEN
1 BLECH

FÜR DEN TEIG:
600 g Rhabarber
200 g Quark
300 g Mehl
100 g gemahlene Mandeln
100 g Zucker
8 EL Öl
6 EL Milch
1 Ei
2 TL Backpulver
1 Packung Vanillezucker

FÜR DIE STREUSEL:
375 g Mehl
250 g Rohrohrzucker
250 g Butter

1 Alle Zutaten für den Teig miteinander verrühren und den Teig auf einem gefetteten Backblech verteilen. Den Rhabarber waschen, falls nötig schälen, in größere Stücke schneiden und auf dem Teig verteilen
2 Mehl, Zucker und Butter zu Streuseln verarbeiten und über den Rhabarber streuen
3 Den Backofen auf 175 °C (E-Herd) vorheizen und den Kuchen 50 bis 60 Minuten backen

Übrigens: Das Grundrezept schmeckt statt mit Rhabarber auch mit Obst wie Äpfeln, Pflaumen oder Aprikosen.

RHABARBER-TOMATEN-KETCHUP
DREI GLÄSER A 200 G

650 g Rhabarber
800 g geschälte Tomaten
180 g passierte Tomaten
100 g brauner Zucker
230 ml Wasser
110 ml Apfelessig
2 Knoblauchzehen
1 Zwiebel
2 EL Olivenöl
1,5 TL Salz
1/8 TL Cayennepfeffer

1 TL schwarze Pfefferkörner
1 TL Senfkörner
0,5 TL Pimentkörner
1 TL Nelken
2 Lorbeerblätter
1 Zimtstange

1 Den erntefrischen Rhabarber waschen, bei Bedarf schälen und klein schneiden. Zusammen mit dem Wasser in einen Topf geben und bei mittlerer Hitze 10 bis 15 Minuten köcheln lassen
2 Zwiebeln und Knoblauch fein würfeln. Olivenöl in einem Topf erhitzen und Zwiebeln andünsten. Anschließend Knoblauch, passierte Tomaten und Cayennepfeffer hinzufügen. Die geschälten Tomaten und den Rhabarber dazugeben, mit pürieren und Zucker, Essig und Salz dazugeben
3 Die restlichen Gewürze zu einem Gewürzsäckchen zusammenbinden – entweder mit einem Stück Mull oder in einem Tee-Ei. Die Mischung kurz aufkochen und dann bei geringer Hitze etwa zwei Stunden unter Rühren köcheln lassen
4 Ist die Masse dickflüssig, mit Salz und Pfeffer abschmecken und in Einmachgläser füllen

URBAN FARMING

URBAN FARMING: ZUGANG ZU FRISCHEN LEBENSMITTELN IN STÄDTEN

Urban Farming, die landwirtschaftliche Nutzung städtischer Gebiete, wird als Lösung für die zunehmende Urbanisierung angesehen. Es reicht von individuellem urbanen Gärtnern bis hin zu großen kommerziellen vertikalen Farmen, die frische Lebensmittel in der Stadt produzieren. Erfolgreiche Projekte gibt es bereits in verschiedenen Städten weltweit.

Die Vereinten Nationen (UN) gehen davon aus, dass 2030 bis zu sechzig Prozent der Weltbevölkerung in Städten leben werden. Um sich zu ernähren, sind diese Menschen auf die umliegende Landwirtschaft angewiesen. Diese kommt aber bereits heute an ihre Grenzen und setzt auf schnell wachsendes Saatgut aus dem Labor, Monokulturen, Kunstdünger und Pestizide, um die hohe Nachfrage noch bedienen zu können. Dieses Konzept ist weder gesund noch nachhaltig: Die Versorgung von Städten mit Lebensmitteln verursacht einen enormen Transportaufwand, der wiederum für einen erheblichen Anteil an CO_2-Emissionen verantwortlich ist.

LANDWIRTSCHAFTLICHE NUTZUNG URBANER GEBIETE

Ein Lösungsansatz, um der Stadtbevölkerung einen besseren Zugang zu frischen und gesunden Lebensmitteln zu verschaffen, ist das Urban Farming – die landwirtschaftliche Nutzung von Stadtgebieten, um Nahrungsmittel lokal und nachhaltig zu produzieren. Im Unterschied zum Urban Gardening, das eher im Kleinen zur Selbstversorgung einzelner Menschen

oder kleiner Gruppen betrieben wird, verfolgt Urban Farming das Ziel, Produkte auf kommerzieller Basis für die Gesamtbevölkerung einer Stadt zu liefern.

Urban Farming gibt es in unterschiedlichen Formen und Ausprägungen. Die Palette reicht vom eigenen Garten über kleine Gemeinschaftsgärten bis

Künstliches Licht, Bewässerungsanlagen und Klimasteuerungen machen Indoor Farmer unabhängig von Jahreszeiten und Wetterbedingungen.

Das Prinzessinnengarten Kollektiv Berlin trägt zum Erhalt des öffentlichen Grünraums in Kreuzberg und Neukölln bei.

hin zu großen, kommerziellen vertikalen Farmen. Die wohl einfachste Form ist Urban Gardening. Hier werden der hauseigene Garten, die Parzelle im Schrebergarten, der Balkongarten oder auch die Fensterbänke in Häusern und Wohnung genutzt, um Obst, Gemüse und Kräuter für den Eigenbedarf anzupflanzen.

Für den sozialen Aspekt des Urban Farmings stehen die Gemeinschaftsgärten in Stadtteilen oder in kleinen Gemeinden. Sie werden von einer Gruppe von Menschen gemeinsam genutzt und gepflegt; die Ernte wird unter allen Beteiligten gerecht aufgeteilt. Bei vielen Gemeinschaftsgärten stehen regelmäßig gemeinsames Kochen und gemeinschaftliche Mahlzeiten aus Produkten der eigenen Ernte auf dem Programm, um die Gemeinschaft zu stärken und das Zusammengehörigkeitsgefühl zu fördern.

(K)EIN PLATZPROBLEM

Da Platz in Städten häufig rar ist, nutzt Urban Farming die Dächer von Gebäuden und wandelt sie in Dachgärten um. Um Obst, Gemüse oder Kräuter in Dachgärten anzubauen, ist in der Regel die Installation von Bewässerungs- und Drainagesystemen erforderlich, um die Pflanzen mit ausreichend Wasser und Nährstoffen versorgen zu können.

Neben Dächern eignen sich auch Hauswände: Hier werden die Pflanzen in Blumenkästen, Töpfen, umfunktionierten Europaletten oder auch in Autoreifen übereinandergestapelt. Wachsen Gemüse und Obst auf nur wenigen Quadratmetern übereinander in mehreren Etagen, spricht man von vertikaler Landwirtschaft.

Einen Schritt weiter geht das Indoor Farming, bei dem die Pflanzen in Gebäuden komplett ohne Sonnenlicht angebaut werden. Die platzsparende Anordnung ermöglicht eine hohe Produktion auf begrenztem Raum und trägt dazu bei, den Bedarf an landwirtschaftlichen Flächen außerhalb der Stadt zu reduzieren. Künstliche Beleuchtung, eine Klimasteuerung und Bewässerungsanlagen machen vertikale Farmen unabhängig von Jahreszeiten und Wetterbedingungen. Daher können sie das ganze Jahr über produzieren. Zusätzlich kann die Produktion durch den Einsatz künstlicher Intelligenz optimiert und effizienter gestaltet werden.

Bienenstöcke in der Stadt oder Hühner auf urbanen Farmen sind weitere Formen des Urban Far-

Im Prinzessinnengarten Berlin-Kreuzberg wird gemeinsam in Hochbeeten gegärtnert.

mings, die den lokalen Anbau von Obst und Gemüse ergänzen. In der Praxis werden häufig verschiedene Formen kombiniert, um eine nachhaltige landwirtschaftliche Produktion in städtischen Gebieten zu fördern.

BEWUSSTSEIN SCHAFFEN

Neben der lokalen Lebensmittelproduktion und der Versorgung der Stadtbevölkerung mit frischen und gesunden Lebensmitteln erfüllt Urban Farming weitere wichtige Funktionen.

Es trägt dazu bei, ein Bewusstsein für den Anbau und die Herkunft der Nahrungsmittel zu schaffen. Durch den Anbau von Gemüse und Obst in der Stadt sehen die Menschen, woher ihre Lebensmittel stammen. Sie sehen, wie sie angebaut werden. Durch die Konzentration auf lokale und saisonale Sorten machen sie sich wieder bewusst, dass nicht jedes Obst und Gemüse jederzeit und überall verfügbar ist. Urban Farming betrifft aber nicht nur den Anbau von Nahrungsmitteln, sondern schließt auch die Tierhaltung mit ein. Hier wird transparent, unter welchen Bedingungen Kleinvieh, das uns mit

> **ERFOLGREICHE URBAN-FARMING-PROJEKTE IN ANDEREN STÄDTEN**
>
> - Als leuchtendes Beispiel gilt Havanna, wo zwei Drittel des konsumierten Gemüses aus urbaner Landwirtschaft stammen. Kein Wunder: Kuba ist das einzige Land auf der Welt, in dem Urban Farming staatlich geregelt wird.
> - In Berlin wurden mit den Prinzessinnengärten auf brachliegenden Flächen mitten in der Stadt Gemeinschaftsgärten geschaffen, die von vielen Menschen genutzt und gepflegt werden.
> - Und in Hamburg ist mit „Green Pauli" ein Dachgarten entstanden, in dem Menschen aus dem Viertel auf 220 Quadratmetern selbst Gemüse anbauen und ernten können.

Eiern und Milchprodukten versorgt oder auf unseren Tellern landet, gehalten wird. Dies kann ebenfalls zu einem besseren Verständnis für Landwirtschaft und Nachhaltigkeit führen.

GRÜN STATT GRAU

Gleichzeitig trägt Urban Farming dazu bei, das Stadtbild zu verschönern und die Lebensqualität von Menschen, Tieren und Pflanzen zu verbessern.

Brachflächen, Dächer von Gebäuden oder andere ungenutzte Flächen werden in produktive Gärten oder Farmen verwandelt. So wird zum einen der Beton- und Asphaltanteil in der Stadt reduziert. Zum anderen entsteht neuer Lebensraum für Pflanzen und Tiere, was die Biodiversität in der Stadt erhöht. Mehr Pflanzen sorgen nicht nur für ein grünes Stadtbild, sondern absorbieren auch größere Mengen an Kohlenstoffdioxid, produzieren mehr Sauerstoff und tragen damit auch zur Verbesserung des Stadtklimas bei.

LOKALE PRODUKTE BEVORZUGT

Ökologisch betrachtet verbessert Urban Farming die CO_2-Bilanz. Durch den Anbau von Nahrungsmitteln in der Stadt können Transportemissionen reduziert werden. Lange Transportwege, die für einen großen Teil der CO_2-Emissionen verantwortlich sind, entfallen, da die Lebensmittel nicht von weit entfernten ländlichen Gebieten in die Stadt transportiert werden müssen. Ganz nebenbei werden so auch Lebensmittelabfälle reduziert: Durch kurze Transportwege landen Obst und Gemüse frisch beim Verbraucher, statt unterwegs zu verderben. Durch den Einsatz nachhaltiger Bewässerungstechniken und die Verwendung von Regenwasser kann Urban Farming außerdem dazu beitragen, Wasser zu sparen.

Der Anbau lokaler Produkte macht uns nicht nur unabhängiger von großen Konzernen und der Lebensmittelindustrie. Er stärkt auch die lokale Wirtschaft. Es werden Arbeitsplätze in der Region geschaffen und damit die Kaufkraft erhöht. Das Geld, das die Stadtbevölkerung für Lebensmittel ausgibt, bleibt überwiegend bei lokalen Produktions- und Handelsbetrieben. Diese können ihre Waren zu günstigeren Preisen anbieten, da hohe Kosten für Transport und Lagerung entfallen.

DIE SCHATTENSEITE

Natürlich gibt es auch kritische Stimmen, die auf die Nachteile des Urban Farming hinweisen. In Städten stehen häufig nur begrenzte Flächen zur Verfügung, die landwirtschaftlich genutzt werden können, was die Menge an produzierten Lebensmitteln einschränkt. Hinzu kommt, dass es in urbanen Räumen meist wärmer ist als auf dem Land, was den Anbau bestimmter Pflanzen erschweren kann. Das stellt Urban Farming vor eine technische Herausforderung: Der Anbau von Nahrungsmitteln in städtischen Gebieten erfordert oft den Einsatz von Technologien wie hydroponischen Systemen, die Pflanzen mit Wasser, Nährstoffen und Sauerstoff versorgen. Hinzu kommt, dass Pflanzen und Tiere in städtischen Umgebungen einer höheren Boden- und Luftverschmutzung ausgesetzt sind, was zu einer Kontamination der Nahrungsmittel führen kann.

Problematisch wird es auch, wenn das Konzept des Vertical Farmings missbraucht wird: In China gibt es riesige „Schweinehochhäuser", die den immensen Bedarf an Fleisch decken sollen. Die Tiere leben hier auf engstem Raum. Zum einen widerspricht das komplett einer artgerechten Tierhaltung. Zum anderen steigert es das Risiko von Krankheiten und Infektionen.

Hamburger Hafen: Lebensmittel, die lange Transportwege mit dem Schiff, aber auch per Flugzeug, Bahn oder Lkw hinter sich haben, sind für einen großen Teil der CO_2-Emissionen verantwortlich.

MARKET GARDENING: OBST UND GEMÜSE VOM BAUERNHOF NEBENAN

Market Gardening strebt die Herstellung hochwertiger Produkte für den lokalen Markt an. Diese Methode zeichnet sich durch umweltfreundliche Praktiken wie den Verzicht auf Pestizide und synthetische Düngemittel aus und macht es möglich, frische Lebensmittel in städtischen Gebieten anzubauen und so den Transportaufwand zu minimieren.

Market Gardening setzt auf regionales, saisonales Obst und Gemüse.

Beim Market Gardening handelt es sich um eine Form der Landwirtschaft, die sich auf den Anbau von regionalem und saisonalem Gemüse spezialisiert. Diese Art des Gemüseanbaus wird häufig von kleinen landwirtschaftlichen Betrieben oder Gärtnereien betrieben. Bereits eine Fläche von 500 bis 2000 Quadratmetern ist ausreichend, um eine breite Palette an frischem und saisonalem Gemüse sowie Kräutersorten anzubauen. Ziel ist es, hochwertige und nahrhafte Produkte zu erzeugen, die im eigenen Hofladen verkauft oder direkt an lokale Märkte oder an Verbraucher in der Nähe geliefert werden. Dies ermöglicht Verbraucherinnen und Verbrauchern den Zugang zu frischen und saisonalen Produkten. Gleichzeitig werden die lokale Landwirtschaft und der Handel durch die Direktvermarktung gestärkt.

Auf Anbauflächen von 500 bis 2000 Quadratmetern kommen überwiegend Handgeräte zum Einsatz.

KLEINE FLÄCHE, GROSSE WIRKUNG

Ihren Ursprung hat diese Anbaumethode im 18. Jahrhundert. Zu der Zeit wurde in Frankreich in großen Städten auf kleinster Fläche Obst und Gemüse angebaut, um die Stadtbevölkerung mit frischen Waren zu versorgen. Auf diese Weise konnte vermieden werden, dass die Ware auf langen Transportwegen verdarb.

Market Gardening zeichnet sich durch eine nachhaltige und umweltfreundliche Anbauweise aus, bei der oft auf den Einsatz von Pestiziden oder synthetischen Düngemitteln verzichtet wird. Stattdessen werden Techniken wie Kompostierung, Mulchen und Fruchtfolgen eingesetzt, um den Boden zu verbessern und die Gesundheit der Pflanzen zu fördern. Auf große, teure Maschinen wie Trecker kann beim Market Gardening verzichtet werden. Auf den kleinen Flächen kommen überwiegend Handgeräte zum Einsatz. Dadurch werden zum einen hohe Investitionen gespart, zum anderen ist es anders als beim konventionellen Gemüseanbau möglich, die Beet- und Pflanzabstände geringer zu halten und den wenigen Platz optimal zu nutzen. Was übrigens auch den willkommenen Nebeneffekt hat, dass damit weniger Platz für Unkraut bleibt. Mit ein paar kleinen Tricks lässt sich die Erntesaison verlängern, um den Ertrag des Gemüseanbaus auf kleinen Flächen zu steigern. So werden auch in der kalten Jahreszeit frostfeste Sorten, die sich als Wintergemüse eignen, angepflanzt. Eine frühe Ernte lässt sich durch den Einsatz von Folientunneln oder Gärtnervliesen erzielen.

PARISER MARKTGÄRTEN

Marktgärten gewinnen angesichts von Lieferengpässen und steigenden Energiepreisen wieder an Bedeutung. Ursprünglich dienten sie dazu, in Kriegszeiten die Versorgung der Bevölkerung sicherzustellen. Heute konzentrieren sich Marktgärten auf regionales und saisonales Gemüse, um nachhaltiger und unabhängiger zu produzieren.

Was wäre, wenn es keine Möglichkeit gäbe, frisches Obst und Gemüse einfach im Supermarkt, Feinkosthandel oder auf dem Wochenmarkt einzukaufen? Was wäre, wenn es keine Möglichkeit gäbe, Lebensmittel zu kühlen und damit länger haltbar zu machen? Was, wenn Transportwege so lang wären, dass Waren bereits verdorben am Zielort ankommen?

Noch bis vor kurzem waren Lieferengpässe gerade in großen Städten wie der Hansestadt Hamburg, dem Tor zur Welt, deren Bewohner nahezu jederzeit Zugang zu Lebensmitteln aus aller Herren Länder hatten, unvorstellbar. Die Corona-Pandemie und der damit verbundene Zusammenbruch der Lieferketten sowie steigende Energiepreise verleihen den eingangs gestellten Fragen jedoch wieder höchste Aktualität.

BACK TO THE ROOTS

Zeit, zu den Ursprüngen zurückzukehren und sich zu fragen, wie eigentlich früher in Großstädten die Versorgung der Bevölkerung mit frischem Obst und Gemüse sichergestellt wurde – damals, als es noch keine Supermärkte, Kühlschränke und Lkw für den Transport gab.

Die Antwort sind Marktgärten. Das Prinzip ist so alt wie die Städte selbst: Ziel dieser Gärten war es, auf kleinster Fläche den größtmöglichen Ertrag zu erzielen, um die Bevölkerung vor Ort mit frischem Obst und Gemüse zu versorgen. In eigens dafür ausgewählten Vierteln wurden mitten in der Großstadt regionale und saisonale Produkte angebaut. Schnell verderbliche Lebensmittel gelangten so frisch zu den Verbrauchern. Auf lange Transportwege oder Lagerung konnte auf diese Weise verzichtet werden.

PARISER MARKTKULTUR

In Paris entstanden die Marktgärten bereits im 17. Jahrhundert. Im damaligen Arbeiterviertel und heutigen Trendquartier Haut Marais wurde 1628 der „Marché des Enfants Rouges", der älteste überdachte Markt in Paris, eröffnet. Der „Petit Marché du Marais" diente der lokalen Bevölkerung im 3. Arrondissement als wichtige Bezugsquelle für frische Lebensmittel und bot eine große Auswahl an frischem Obst, Gemüse, Fleisch und Fisch zu erschwinglichen Preisen. Der älteste Lebensmittelmarkt der französischen Hauptstadt existiert bis heute und ist nach wie vor bei Einheimischen, aber auch bei Touristinnen und Touristen beliebt.

Im Laufe der Zeit eröffneten weitere Pariser Marktgärten wie der „Marché d'Aligre" im 12. Arrondissement. 1779 wurde die Markthalle „Beauvau-Saint-Antoine" errichtet. Sein Name erinnert an die Nonnen der Abtei Saint-Antoine, denen das Grundstück, auf dem der Markt stattfand, gehörte. Der Markt von Aligre, der sich auch heute noch zwischen dem Place de la Bastille und dem Place de la Nation erstreckt, zählt wie der „Marché des Enfants Rouges" zu den ältesten Marktgärten in Paris. Hier lieferte der lokale Gemüsehandel sein Obst und Gemüse aus Vorortgemeinden wie Montreuil an. Er diente damals hauptsächlich der Arbeiter- und Mittelschicht als Anlaufstelle für frisches Obst und Gemüse. Gleichzeitig galt er als sozialer Treffpunkt. Hier wurden nicht nur frische Waren, sondern auch Neuigkeiten sowie Klatsch und Tratsch ausgetauscht.

VERSORGUNGSLÜCKEN SCHLIESSEN

Den Markgärten und ihrer Aufgabe, die Stadtbevölkerung mit frischen Produkten aus der Landwirtschaft zu versorgen, kam in Kriegszeiten weitere große Bedeutung zu. Zusammen mit Hinterhöfen, privaten Gärten, öffentlichen Parks und Grünanlagen dienten die Obst-, Gemüse- und Kräutergärten als Anbaufläche, um die Menschen während der Besatzung mit Kartoffeln, Rüben, Kohl und anderen Obst- und Gemüsesorten zu versorgen.

„Wie wurde die Versorgung der Stadtbevölkerung sichergestellt, bevor es Supermärkte, Kühlschränke und Lkw gab?"

Mittlerweile ist die Versorgung mit frischem Obst und Gemüse in Großstädten nahezu jederzeit sichergestellt. Wie anfällig sie trotz hochentwickelter Kühl- und Transporttechnologie dennoch sein kann, zeigen die jüngsten geopolitischen Ereignisse oder die Corona-Pandemie. Streiks von Lkw-Fahrern, durch den Lockdown gestörte Lieferketten und hohe Energiepreise führen dazu, dass das Prinzip der Marktgärten wieder an Zuspruch gewinnt.

REGIONAL UND SAISONAL

Heute geht es weniger darum, Versorgungslücken zu schließen, als vielmehr darum, einem regionalen und saisonalen Ansatz zu folgen. Nicht nur, um unabhängiger, sondern vor allem um auch nachhaltiger agieren zu können. Der lokale Anbau und Verkauf von Obst und Gemüse schont wertvolle Ressourcen und reduziert den ökologischen Fußabdruck der Betriebe, die an der Produktion und dem Vertrieb beteiligt sind. Auf kurzen Transportwegen entstehen weniger CO_2-Emissionen. Der Verkauf vor Ort macht zudem lange Kühlprozesse, die mit einem hohen Energieaufwand verbunden sind, überflüssig. Ein weiterer Vorteil liegt im Geschmack und im Nährstoffgehalt regional und saisonal angebauter Produkte. Trotz ausgereifter Technologien schmecken frische Produkte einfach besser und liefern einen höheren Anteil wertvoller Nährstoffe, die auf langen Transportwegen häufig verloren gehen.

Wie früher in den Pariser Marktgärten setzen viele Betriebe auf natürliche Wachstumsbedingungen. Der regionale und saisonale Anbau verringert den Einsatz von chemischen Pestiziden und Düngemitteln und fördert gleichzeitig die Vielfalt an Obst und Gemüse, die die vier Jahreszeiten zu bieten haben. Beziehen Verbraucherinnen die Waren direkt vom Erzeugerbetrieb, stärken sie zudem die lokale Wirtschaft.

NATURE URBAINE: URBAN ROOFTOP FARMING IN PARIS

Auf dem Dach des Messegebäudes Paris Expo Porte de Versailles *ist die größte europäische Rooftop-Farm entstanden.*

Über den Dächern von Paris versorgt „Nature Urbaine" die Menschen im 14. Arrondissement mit regionalen saisonalen Erzeugnissen.

Nur eine Viertelstunde vom Eiffelturm entfernt, setzte Paris 2020 mit Nature Urbaine weltweit ein Zeichen: Im Südwesten von Paris entstand auf dem Dach des Pavillons 6 des Messegebäudes „Paris Expo Porte de Versailles" die größte urbane Dachfarm Europas. Auf einer Fläche von 14 000 Quadratmetern werden täglich etwa 200 Kilogramm Obst, Gemüse, Kräuter und essbare Blumen in Bioqualität produziert. Beim Anbau der fast dreißig verschiedenen Obst- und Gemüsesorten verzichten die rund zwanzig Gemüsebauern auf den Einsatz von Pestiziden und setzen auf nachhaltige Methoden wie Aeroponik und Hydroponik, die einen ressourcenschonenden Anbau an Orten mit begrenztem Platz ermöglichen. Die Grünabfälle werden zu Kompost und Blumenerde verarbeitet. Vervollständigt wird die Pariser Rooftop-Farm von zwei Bienenstöcken, die für die Bestäubung der Pflanzen sorgen.

NACHHALTIGE LEBENSMITTELVERSORGUNG

Der Plan ist, die Menschen, die im Südwesten der Stadt leben, mit regionalen und saisonalen Dacherzeugnissen zu versorgen. Über den Dächern von Paris wachsen derzeit zum Beispiel Auberginen, Basilikum, Mangold, grüne Bohnen oder Himbeeren. Die Bioprodukte können direkt vor Ort gekauft oder im Rooftop-Restaurant „Le Perchoir Porte de Versailles" verzehrt werden. Zudem werden Lebensmittelgeschäfte wie die Boutique Box du Grand Paris im 14. Arrondissement sowie Hotels, Cafés und Restaurants im Viertel von der Dachfarm beliefert. Ein nachhaltiges Konzept, das nicht nur die Ernährungssouveränität der Bevölkerung unterstützt, sondern Transportwege und Kühlketten verkürzt und damit schädliche CO_2-Ausstöße reduziert.

AEROPONIK UND HYDROPONIK

Aeroponik ist eine Form der Pflanzenkultivierung, bei der die Wurzeln von Pflanzen vollständig oder größtenteils unbedeckt in der Luft hängen und mit einem feinen Nebel aus Wasser und Nährstoffen besprüht werden. Die optimale Versorgung mit Wasser, Sauerstoff und Nährstoffen ermöglicht schnelleres Wachstum und höhere Erträge. Aeroponik eignet sich besonders für den vertikalen Anbau: Die Pflanzen brauchen keine Substrate, wodurch der Anbau besonders platzsparend ist.

Hydroponik ist eine Methode des Pflanzenanbaus, bei der die Pflanzen nicht in Erde, sondern in einer wasserbasierten Nährstofflösung kultiviert werden. Die Wurzeln der Pflanzen werden entweder direkt in die Nährstofflösung getaucht oder durch ein Substrat unterstützt, das Feuchtigkeit und Nährstoffe speichert. Der Wasserbedarf ist im Vergleich zum konventionellen Anbau gering, da das Wasser in einem geschlossenen System wiederverwendet wird. Weil keine Erde verwendet wird, besteht zudem ein geringeres Risiko für Schädlinge und Krankheiten.

PARISER QUADRATE

Anwohnerinnen und Anwohner, die ihren eigenen Dachgemüsegarten bestellen möchten, können eines der Pariser Quadrate mieten. Auf einer Fläche von insgesamt 156 Quadratmetern stehen die jeweils einen Quadratmeter großen Gartenflächen zur Verfügung. Die Mieter haben freien Zugang zu ihren Quadraten sowie den Gemeinschaftsräumen und können bei Bedarf auf die fachkundigen Ratschläge der Gärtnerinnen des Nature Urbaine zurückgreifen.

ANTIKE GARTENKULTUR

Die Idee, Dächer zu begrünen, ist nicht neu. Vielmehr stammt sie bereits aus der Antike. Im 6. Jahrhundert v. Chr. entstanden mit den Hängenden Gärten der Semiramis die ersten Gründächer. Sie erstreckten sich über die flachen Dächer des Palastes von Babylon und verfügten über ein ausgeklügeltes Bewässerungssystem, das die Pflanzen direkt mit Wasser aus dem Euphrat versorgte. In der Renaissance erreichte der lange vergessene Trend über Florenz, Rom und Venedig Europa. In den 1970er und 1980er Jahren weckten die wachsende Besorgnis über die Umweltzerstörung und das rasche Verschwinden von Grünflächen in den Städten Nordeuropas erneut das Interesse an begrünten Dächern als ökologische Lösung.

Rooftop-Restaurant „Le Perchoir Porte de Versailles"

Vertikale Landwirtschaft ermöglicht den platzsparenden und ressourcenschonenden Anbau von Obst und Gemüse in den Metropolen.

NATURE URBAINE PARIS

- erbaut 2020 im Südwesten von Paris
- vertikale Landwirtschaft auf 14 000 Quadratmetern Anbaufläche
- platzsparender und ressourcenschonender Anbau
- 20 verschiedene Pflanzenarten in Bio-Qualität
- 20 Gärtnerinnen und Gärtner
- weniger CO_2-Emissionen

Tatsächlich ist eine der wichtigen Erkenntnisse der Studie „Ecology of Green Roofs" des Institut Paris Region, dass Gründächer kein Ersatz für echte offene Erde sind. Jeder Neubau bedeutet einen Verlust an Grün und Artenvielfalt, den ein Gründach kaum ausgleichen kann. Gründächer erzielen nur dann eine positive Bilanz, wenn sie auf Bestandsbauten errichtet werden. Obwohl im Beispiel von Paris achtzig Prozent der Bestandsgebäude statisch ohne jegliche Veränderung in der Lage wären, Gründächer zu tragen, wurden in Paris Gründächer fast ausschließlich auf Neubauten angelegt.

GREEN ROOF ODER GREENWASHING?

Im Großraum Paris hat sich der Rückgang der biologischen Vielfalt in städtischen Gebieten seit den 2000er Jahren enorm beschleunigt. In vielen Gebieten, beispielsweise in den Vororten von Paris, gibt es im Vergleich zu anderen europäischen Großstädten nur wenige Grünflächen. Die Bepflanzung von Dächern sollte dabei helfen, die biologische Vielfalt wiederherzustellen, die Auswirkungen des Klimawandels abzumildern und die Anpassung an die Veränderungen durch den Klimawandel zu unterstützen. Dachgärten und Rooftop-Farmen helfen, den Mangel an Grünflächen auszugleichen, und tragen damit zur Unterstützung der Natur in den Städten bei. Allerdings sind sie nicht dazu in der Lage, die ökologischen Funktionen natürlicher Freiflächen zu ersetzen.

„Rooftop Farming gleicht den Mangel an Grünflächen in Städten aus, ist aber kein echter Ersatz für unversiegelte Böden."

DIE „ESSBARE STADT"

Essbare Städte ermöglichen es ihren Bewohnerinnen und Bewohnern, in öffentlichen Räumen selbst angebautes Obst und Gemüse zu ernten und zu konsumieren. Diese Initiative fördert den Gemeinschaftssinn und die soziale Integration, während sie gleichzeitig das Bewusstsein für gesunde Ernährung und Nachhaltigkeit schärft.

EssBar im Stadtgarten Rothenburgsort: Salat im Hochbeet

Das Konzept der essbaren Stadt nutzt städtischen Raum, um Obst, Gemüse und Kräuter anzupflanzen oder auch Nutztiere zu halten. Die zahlreichen Projekte verfolgen das Ziel, den wenigen Platz in Städten auf nachhaltige Weise landwirtschaftlich zu nutzen. Hier werden Nahrungsmittel lokal produziert, um sich auf diese Weise weniger abhängig von industriell hergestellten und transportierten Lebensmitteln zu machen. Häufig werden diese Projekte mit Unterstützung durch Städte und Gemeinden von den Bewohnerinnen und Bewohnern selbst initiiert.

GEMEINSAM DURCH DIE STADT SCHLEMMEN

Neben dem eigenen Balkon, Hochbeeten oder Gemeinschaftsgärten werden auch öffentliche Räume wie Grünflächen in der Stadt, Beete in Parks oder Fußgängerzonen und sogar Wände oder Dächer zum Anbau genutzt. Anders als beim Urban Farming, bei dem der Ertrag verkauft wird, hebt die essbare Stadt die Trennung zwischen Lebensmittelproduktion, -verteilung und -konsum auf. Gemüse, das in Hochbeeten in der Fußgängerzone oder öffentlichen Parks angebaut wird, oder Obst, das an Sträuchern am Rand von Spielplätzen wächst, darf auch von allen Bewohnerinnen und Bewohnern geerntet und konsumiert werden. Essbare Städte leisten aber nicht nur einen Beitrag zur

Selbstversorgung, sondern fördern gleichzeitig mit Gemeinschaftsküchen und Essenskooperativen den Gemeinschaftssinn.

VERWANDLUNG IN PRODUKTIVE NAHRUNGSMITTELQUELLEN

Die Idee der essbaren Stadt hat ihren Ursprung in der englischen Stadt Todmorden. Hier entwickelten Pam Warhurst und Mary Clear 2008 das Konzept der „edible city" (essbare Stadt). Mittlerweile haben viele Städte Initiativen gestartet, um städtische Räume in produktive Nahrungsmittelquellen zu verwandeln und die Lebensmittelversorgung ihrer Gemeinden zu verbessern. In Deutschland zählt Andernach zu den ersten essbaren Städten.

In Hamburg ist mit der EssBar im Stadtgarten Rothenburgsort ein Projekt entstanden, das über den Anbau essbarer Pflanzen im urbanen Umfeld informiert, um gesunde Ernährung, Nachhaltigkeit und mehr Grün im Stadtteil zu fördern. Besucherin-

> „Das Konzept der ‚essbaren Stadt' hebt die Trennung zwischen Lebensmittelproduktion, -verteilung und -konsum auf."

nen und Besucher erhalten hier einen Eindruck, wie Stadtgärten aussehen können und welche Gemüse-, Obst- und Kräutersorten sich für den eigenen Anbau eignen. Gleichzeitig ist das Projekt darauf ausgerichtet, eine berufliche Perspektive für Langzeitarbeitslose zu schaffen, die zu Helferinnen und Helfern im Stadtgartenbau qualifiziert werden.

PERMAKULTUR

Nicht gegen die, sondern mit der Natur arbeiten. Das ist einfach gesagt die Philosophie, die die Permakultur verfolgt.

Während die industrielle Landwirtschaft Böden zerstört, den Wasserhaushalt schädigt und die Artenvielfalt reduziert, setzt Permakultur auf verantwortliches Handeln im Einklang mit den Bedürfnissen von Mensch und Natur. Statt Ressourcen auszubeuten und den Ertrag in den Vordergrund des Handelns zu stellen, verfolgt die Permakultur das Ziel, eine nachhaltige Lebensweise und Landnutzung zu etablieren.

DER NATUR NACHEMPFUNDEN

Der Begriff Permakultur leitet sich von dem englischen Begriff „permanent (agri)culture" ab. Entwickelt wurde das Konzept in den 1970er Jahren von den Australiern Bill Mollison und David Holmgren. Es beruht darauf, Ökosysteme und Kreisläufe zu beobachten, sie zu verstehen und nachzuahmen. Zugleich steht der verantwortungsvolle Umgang mit Rohstoffen im Vordergrund, um auf diese Weise vernetzte, multifunktionale und nachhaltige Ökosysteme zu schaffen, die der Natur nachempfunden sind. Als Vorbilder gelten hier sich selbst regulierende Ökosysteme wie Wälder, Sumpfgebiete oder Auenlandschaften.

Es geht aber nicht ausschließlich um eine „dauerhafte Landwirtschaft". Permakultur ist ein Werkzeug, das mittlerweile weltweit in vielen weiteren Lebensbereichen eingesetzt wird, um nachhaltige, zukunftsfähige Lösungen zu entwickeln, die Mensch und Natur die Möglichkeit geben, sich dauerhaft zu entfalten.

ETHISCHE GRUNDSÄTZE

Grundlage permakulturellen Handelns ist zum einen ein tiefes Verständnis ökologischer Zusammenhänge. Zum anderen basiert es auf drei einfachen ethischen Grundsätzen:

- Earthcare: Sorge für die Erde
- Peoplecare: Sorge für die Menschen
- Fairshares: Teile gerecht und begrenze den Konsum und den Verbrauch von Ressourcen

Soll der eigene Garten nach dem Konzept der Permakultur gestaltet werden, empfiehlt Bill Mollison die Aufteilung des Gartens in fünf Zonen, in deren Zentrum der Mensch steht.

Da gerade in kleineren Gärten meist nicht alle Zonen eingerichtet werden können, gibt es mittlerweile Modelle, die nur die ersten drei Zonen umfassen. Entscheidend bei der permakulturellen Gestaltung ist es, bei Pflanzen, Obst und Gemüse Vielfalt zu schaffen (Stichwort Biodiversität), auf Multifunktionalität zu setzen, Energien effizient zu nutzen, die Ressource Wasser sparsam einzusetzen und in Kreisläufen zu wirtschaften.

5 Naturzone · Wildnis, Ruheraum für Natur und Mensch, Inspiration und Meditation

4 Minimale Pflege · Weideland, Obst- und Nussbäume, Feuer- und Bauholz

3 Gelegentliche Pflege · Landwirtschaft, Obst- und Nussbäume, Tierhaltung

2 Weniger intensive Pflege · Gemüsegarten, Gewächshaus

1 Intensive Pflege · Küchengarten, Mikroklima

FÜNF ZONEN DER PERMAKULTUR

Zone 1 Küchengarten, Kräutergarten
Zone 2 Gemüsegarten oder Kleintierhaltung
Zone 3 Obst- und/oder Nussbäume
Zone 4 Weideland
Zone 5 Wildnis

„Statt Ressourcen
für maximalen Profit
auszubeuten,
setzt Permakultur
auf verantwortliches
Handeln."

VERTIKALE LANDWIRTSCHAFT

Wie lässt sich sicherstellen, dass wir auch in Zukunft in der Lage sind, alle Menschen mit ausreichend Nahrung zu versorgen?

In Großstädten ist kaum Platz vorhanden, um die Mengen an Nahrungsmitteln, die die ständig wachsende Bevölkerung benötigt, anzupflanzen. Einen Ansatz, dieses Problem zu lösen, bietet die vertikale Landwirtschaft. Die Pflanzen werden auf engstem Raum angebaut. Moderne Technologien sorgen dabei für optimale Bedingungen, um den Ertrag zu erhöhen.

VERTICAL FARMING

Für die ausreichende Beleuchtung sorgen LED-Lampen, die die Pflanzen 24/7 mit Licht versorgen. Eine Klimasteuerung sorgt zudem für die Wohlfühltemperaturen und die richtige Luftfeuchtigkeit. Die ausgewogene Versorgung der Pflanzen mit Wasser und Nährstoffen übernehmen computergesteuerte Systeme.

Auf diese Weise können frisches Obst und Gemüse auch in urbanen Gebieten gedeihen – und das auf nur wenigen Quadratmetern. Beim Vertical Farming werden die Pflanzen in mehreren Etagen auf Kunststoffnetzen übereinander kultiviert, statt weitere Flächen für den Gemüseanbau durch die Rodung von Wäldern oder die Trockenlegung von Mooren zu erschließen. Ein weiterer Vorteil ist der ressourcenschonende Umgang mit Wasser. Dank des Einsatzes hocheffizienter Bewässerungssysteme wird beim vertikalen Anbau im Vergleich zur herkömmlichen Landwirtschaft nur ein Bruchteil des Wassers verbraucht. Gleichzeitig wird die Menge des Düngers, die das Grundwasser belastet, erheblich reduziert.

NÄCHSTER HALT: ERNÄHRUNGSAUTARKIE

Die vertikale Landwirtschaft gilt als Chance, auch in klimatisch benachteiligten Gebieten Ernährungsautarkie zu erzielen, statt Obst und Gemüse mit hohen Transportkosten aus anderen Ländern zu importieren. In trockenen Regionen wird kein kostbares Wasser verschwendet, die vielen Sonnenstunden werden genutzt, um den Strom für den Betrieb der Anlagen aus Solarenergie zu gewinnen.

Diese Form der urbanen Landwirtschaft hat allerdings auch ihre Nachteile. So entsteht beim Indoor Farming ein erheblicher Mehraufwand für den Betrieb der Beleuchtungs-, Bewässerungs- und Versorgungssysteme. Hinzu kommt der ökologische Aspekt: Produkte aus der vertikalen Landwirtschaft werden zwar klima- und umweltfreundlich produziert. Sie gelten aber nicht als Bio-Lebensmittel, da sie nicht in Erde wachsen und ihnen Nährstoffe auf künstliche Weise zugeführt werden.

„Die vertikale Land-
wirtschaft bietet die
Chance, auch in
klimatisch benach-
teiligten Gebieten
Ernährungsautarkie
zu erzielen."

● Eine Klimasteuerung sorgt für
Wohlfühltemperaturen und die richtige Luftfeuchtigkeit.

● Die ausgewogene Versorgung der
Pflanzen mit Wasser und Nährstoffen
übernehmen computergesteuerte
Systeme.

● Die Pflanzen werden in mehreren
Etagen auf Kunststoffnetzen übereinander kultiviert.

ERNÄHRUNGS-SOUVERÄNITÄT

Was wäre, wenn wir selbst in der Hand hätten zu entscheiden, was wir anbauen, wie wir es anbauen, wie wir Lebensmittel verarbeiten und konsumieren und über welche Wege wir sie verteilen? Mit diesen Gedanken setzt sich das Konzept der Ernährungssouveränität auseinander.

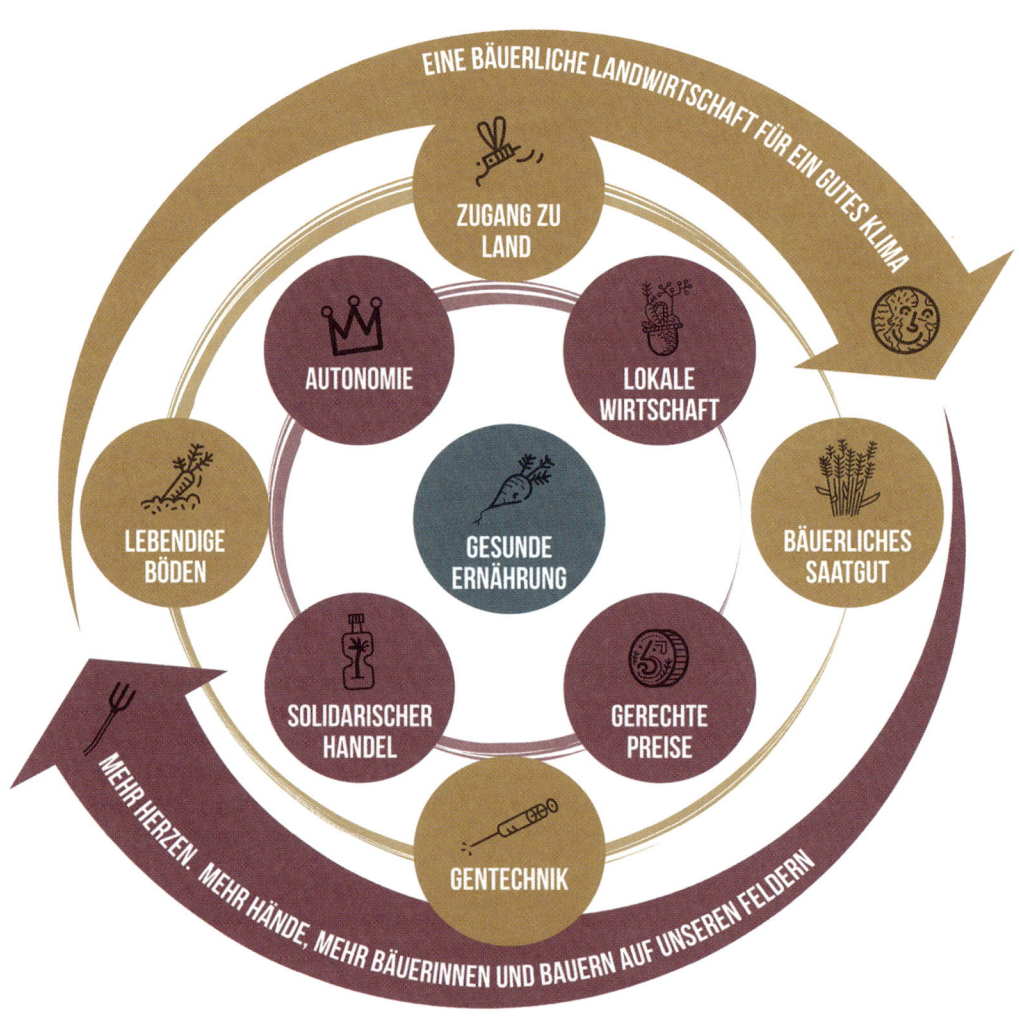

EINE BÄUERLICHE LANDWIRTSCHAFT FÜR EIN GUTES KLIMA

ZUGANG ZU LAND

AUTONOMIE

LOKALE WIRTSCHAFT

LEBENDIGE BÖDEN

GESUNDE ERNÄHRUNG

BÄUERLICHES SAATGUT

SOLIDARISCHER HANDEL

GERECHTE PREISE

GENTECHNIK

MEHR HERZEN, MEHR HÄNDE, MEHR BÄUERINNEN UND BAUERN AUF UNSEREN FELDERN

Die Ernährungssouveränität stellt Menschen, die Lebensmittel erzeugen, verteilen und konsumieren in den Mittelpunkt. Unabhängig von den Interessen großer Konzerne oder staatlicher Institutionen basiert sie auf dem Prinzip der Selbstbestimmung und Selbstversorgung. Menschen, die in einer Gemeinschaft leben, sollen das Recht haben, ihre eigenen landwirtschaftlichen Ressourcen zu kontrollieren und zu nutzen, um eine gesunde, ausgewogene und kulturell angepasste Ernährung sicherzustellen. Gleichzeitig geht es darum, eine nachhaltige und umweltverträgliche Landwirtschaft zu fördern und die Abhängigkeit von importierten Lebensmitteln zu reduzieren.

WIR ENTSCHEIDEN, WAS WIR ESSEN!

Statt die Agrar- und Lebensmittellobby darüber entscheiden zu lassen, was auf unseren Tellern landet, unterstützt die Ernährungssouveränität die Menschen dabei, selbst zu entscheiden, was sie essen. Im Vordergrund stehen zum einen Transparenz darüber, wie und wo Lebensmittel produziert werden. Handelt es sich um regionale und saisonale Produkte? Oder wurden genmanipuliertes Saatgut und Pestizide verwendet, um den Ertrag zu erhöhen und Obst und Gemüse, die es in unserer Region gar nicht oder vielleicht nur im Sommer gibt, das ganze Jahr anbieten zu können? Wurden dafür vielleicht auch Konservierungsverfahren genutzt, um Lebensmittel länger haltbar zu machen, damit sie trotz langer Transportwege frisch bei den Verbraucherinnen und Verbrauchern ankommen? Und unter welchen Bedingungen werden eigentlich Nutztiere gehalten?

SAATGUTFREIHEIT UND TIERWOHL IM BLICK

Neben den Interessen der Verbraucherinnen und Verbraucher stellt die Ernährungssouveränität auch die Interessen und Bedürfnisse von Bäuerinnen und Bauern und Fischereibetrieben in den Vordergrund. Dank der Saatgutfreiheit sollen Bäuerinnen und Bauern lokaltypisches Obst und Gemüse anbauen können, das an den jeweiligen Standort, das Klima und die Bodenbeschaffenheit angepasst ist. Das Tierwohl steht ebenfalls im Fokus, damit Nutztiere artgerecht gehalten werden und sie ihren natürlichen Bedürfnissen und angeborenen Verhaltensweisen entsprechend leben können. Gleichzeitig stehen die Stärkung lokaler Märkte, der Aufbau gerechter Handelsbeziehungen und eine faire Preisbildung im Fokus, um das Einkommen aller am Herstellungsprozess Beteiligten zu sichern.

> „Die Ernährungssouveränität unterstützt die Menschen dabei, selbst zu entscheiden, was sie essen."

BIODIVERSITÄT

Einfach gesagt geht es bei Biodiversität um die Vielfalt des Lebens. Gemeint ist die biologische Vielfalt, auf die wir alle — Menschen, Tiere und Pflanzen — angewiesen sind, um zu existieren. Biodiversität meint aber nicht nur die Artenvielfalt, sondern auch die genetische Vielfalt der Arten sowie innerhalb einer Art und die Vielfalt an verschiedenen Lebensräumen, in denen die verschiedenen Arten existieren können.

Die Diversität der Arten, Gene und Ökosysteme bedingt sich gegenseitig. Ohne Diversität funktionieren natürliche Prozesse und das Zusammenspiel der Arten nicht mehr. Die negative Folge ist das Artensterben, auch wenn die Entstehung neuer Arten oder das Aussterben bestehender Arten in einem bestimmten Maß zum evolutionären Prozess gehören.

ZERSTÖRUNG, VERSCHMUTZUNG, AUSBEUTUNG

Allerdings tragen wir durch die Zerstörung von Lebensräumen, Umweltverschmutzung und die Ausbeutung von Tieren und Pflanzen dazu bei, dass sich Zustand und Entwicklung der Biodiversität zunehmend verschlechtern: Nie zuvor hat die Menschheit Ökosysteme schneller und intensiver genutzt und verändert als in den letzten fünfzig Jahren. Dabei trägt der Erhalt der Biodiversität entscheidend zu unserem Wohlbefinden bei: Von ihr hängt es ab, ob uns klares Trinkwasser zur Verfügung steht, wir saubere Luft atmen oder gesunde Lebensmittel produzieren

können. Gleichzeitig stellt die biologische Vielfalt die Anpassungsfähigkeit an veränderte Umweltbedingungen sicher. Mit anderen Worten: Um zu überleben, müssen wir die biologische Vielfalt nicht nur zu unserem Vorteil nutzen, sondern sie fördern.

LEBENSRÄUME WIEDERHERSTELLEN

Zu den Maßnahmen zur Förderung der Biodiversität zählen der Schutz natürlicher Lebensräume wie Wälder, Wiesen, Feucht- und Meeresgebiete. Aber auch die Wiederherstellung von Lebensräumen, die

durch Abholzung, Bergbau oder Landwirtschaft zerstört wurden, trägt dazu bei, die Biodiversität durch Aufforstung oder Renaturierung von Flüssen und Feuchtgebieten zu erhalten. Schaffen wir Schutzzonen und verzichten auf intensive Landnutzung und setzen stattdessen beispielsweise auf ökologische Landwirtschaft, fördern wir die natürliche Regeneration und geben Lebensräumen die Chance, sich von selbst zu erholen. Neben dem Schutz der Umwelt kommt also auch der Sensibilisierung der Menschen, Biodiversität zu schützen und zu fördern, eine entscheidende Rolle zu.

„Um zu überleben, müssen wir die biologische Vielfalt nicht nur zu unserem Vorteil nutzen, sondern sie fördern."

URBANE GARTEN-PROJEKTE IN HAMBURG

HAMBURGER COMMUNITY-GÄRTEN: GEMEINSCHAFT UND INTEGRATION

Community-Gärten stellen wichtige Orte der Begegnung, Integration und nachhaltigen Entwicklung in Städten dar.

Trotz der zahlreichen Menschen, die sich in Metropolen wie Hamburg auf engstem Raum begegnen, fällt es vielen oft schwer, eine Verbindung zu ihren Nachbarn zu knüpfen. Community-Gärten nehmen nicht nur eine bedeutende Rolle ein, um ein ökologisches Bewusstsein zu schaffen und eine nachhaltige Lebensweise zu fördern. Ihnen kommt auch eine große Bedeutung bei der Stärkung der Gemeinschaft und Integration zu.

GETEILTE LEIDENSCHAFT

Mitten in der Großstadt sind durch die gemeinsame Anstrengung engagierter Hamburgerinnen und Hamburger zahlreiche Community-Gärten, Gemeinschaftsgärten und Nachbarschaftsgärten entstanden. Orte, die Menschen zusammenbringen, zu einem harmonischen Miteinander beitragen und ihnen die Möglichkeit bieten, ihre Leidenschaft für Pflanzen, Natur und nachhaltiges Leben mit Gleichgesinnten zu teilen. Die Mitglieder der Gartengemeinschaften setzen sich für biologischen Anbau, den Schutz der Biodiversität und den verantwortungsvollen Umgang mit Ressourcen ein. Durch gemeinschaftliches Gärt-

Tiny-Farming-Bergstedt e. V.: Der Verein setzt sich für Nachhaltigkeit, Gemeinschaft und Bildung ein.

Das Gartendeck St. Pauli ist ein Ort, an dem Menschen sich begegnen, gemeinsam gärtnern und so den Stadtteil mitgestalten.

nern lernen sie, wie wichtig es ist, im Einklang mit der Natur zu leben und diese zu schützen.

Dank der Integration von ökologischem Wissen in die Gartenarbeit bauen Menschen ihre eigene Nahrung an und beschäftigen sich bewusster mit den Lebensmitteln, die auf ihrem Teller landen. Dieses Bewusstsein fördert die Gesundheit der Gemeinschaft, reduziert den ökologischen Fußabdruck der Stadt und unterstützt ihre nachhaltige Entwicklung.

MEHR ALS NUR GÄRTNERN

Die Aktivitäten in diesen Gärten gehen jedoch weit über das reine Gärtnern hinaus. Häufig werden Workshops, Vorträge und kulturelle Veranstaltungen organisiert, die die Integration und den kulturellen Austausch weiter vorantreiben. Beispielsweise werden traditionelle Rezepte aus verschiedenen Ländern geteilt, gemeinsame Feste gefeiert oder Sprachkurse angeboten, um Sprachbarrieren zu überwinden und die kulturelle Vielfalt zu fördern.

Community-Gärten besitzen die bemerkenswerte Fähigkeit, Menschen unterschiedlicher Altersgruppen, Kulturen und sozialer Hintergründe zu vereinen. Sie sind Orte der Begegnung, wo sich Menschen kennenlernen, Erfahrungen austauschen und voneinander lernen, gemeinsam gärtnern und einander respektieren. So fördern sie das Verständnis füreinander und stärken den sozialen Zusammenhalt in der Nachbarschaft.

HAMBURGER VIELFALT

In Hamburg gibt es mittlerweile eine Vielzahl von Community-Gärten, von kleinen grünen Oasen in Hinterhöfen bis hin zu größeren Anlagen auf brachliegenden Flächen. Einige der bekanntesten Gärten sind der „FuhlsGarden", das „Gartendeck St. Pauli", der „Hilldegarden" oder der „Interkulturelle Garten" in Wilhelmsburg. Jeder Garten hat seinen eigenen Charakter und trägt dazu bei, die Vielfalt der Stadt zu bereichern.

GRÜNE OASEN: URBANE GARTENPROJEKTE IN UND UM HAMBURG

Hamburg steht nicht nur für Hafenromantik, sondern auch für eine wachsende Urban-Gardening-Bewegung und zahlreiche Gemeinschaftsprojekte rund um den urbanen Gartenbau.

Der ehemalige Flakbunker an der Feldstraße steht für eine nachhaltige Stadtentwicklung.

Inmitten von Beton und Straßenschluchten blühen hier grüne Oasen auf, die nicht nur Blumen, Obst, Gemüse und Kräuter, sondern auch Gemeinschaft und Nachhaltigkeit in der Hansestadt gedeihen lassen. Der FuhlsGarden in Barmbek, der Hilldegarden auf dem Hochbunker an der Feldstraße oder der KEBAPgarten in Altona sind mittlerweile stadtbekannt. Andere kleinere, aber nicht weniger wichtige Projekte aus den Stadtteilen kennen dagegen nur wenige Hamburgerinnen und Hamburger. Werfen wir also einen etwas genaueren Blick auf die vielfältigen urbanen Gartenprojekte in und um Hamburg, die unsere Stadt in eine grüne Oase verwandeln.

GREEN PAULI BY STADTGEMÜSE

Auf dem Dach der ÜberQuell-Brauerei ist in luftiger Höhe ein neuer Gemeinschaftsgarten entstanden, der die Stadt noch ein Stück grüner macht.

Auf St. Pauli haben nur wenige Menschen Zugang zu einem eigenen Garten oder die Möglichkeit, selbst frisches Gemüse anzupflanzen, ihm beim Wachsen zuzuschauen und es erntefrisch zu verzehren. Das soll sich mit Green Pauli by STADTGEMÜSE ändern.

Entstanden ist der Nachbarschaftsgarten durch eine Kooperation der ÜberQuell Brauereiwerkstätten und der Stiftung WAS TUN!. Die Neugestaltung des Geländes mitten in St. Pauli oberhalb des Fischmarkts soll generationenübergreifendes Gärtnern ermöglichen. Seit Juli 2023 stehen auf einer Fläche von 220 Quadratmetern 28 Hochbeete fast ganzjährig für eine gemeinschaftliche Nutzung bereit. Die Freude an einer nachhaltigen Lebensweise durch den regionalen Anbau von Obst und Gemüse, ein nachbarschaftliches Miteinander im Stadtviertel und die Erholung der Menschen stehen im Mittelpunkt des sozialen Urban-Farming-Projekts.

GRÜNE VERGANGENHEIT

Auch wenn „Green Pauli by STADTGEMÜSE" neu ist, hat die Fläche mit ihrem Blick auf den Hamburger Hafen bereits eine grüne Vergangenheit: In den letzten Jahren haben bereits die Schülerinnen und Schüler der Stadtteilschule am Hafen, der Grundschule St. Pauli und der Altonaer Kinder Küche im Green Pauli gegärtnert. In Kisten und Beeten bauten sie Wurzeln, Salate, Kohlrabi, Kürbis, Beeren und vieles mehr an. Während die süßen Früchte meist direkt vor Ort

genascht wurden, landete ein Großteil der Ernte in der Schul- und Gastronomieküche, wo daraus leckeres und gesundes Essen für die Kinder zubereitet wurde. Natürlich reichte die Ernte nicht aus, um sich autark zu ernähren. Vorrangiges Ziel des Urban-Farming-Projekts war vielmehr, das Bewusstsein der Kinder für eine gesunde Umwelt und Ernährung zu schärfen und ihnen einen nachhaltigen Umgang mit Ressourcen zu vermitteln.

„ALLES IST MÖGLICH UND WILLKOMMEN"

Mit dem neuen Konzept eines Nachbarschafts- und Gemeinschaftsgartens ist bei Green Pauli heute vieles möglich, und alle Menschen sind herzlich willkommen: Der Garten soll langfristig eine Begegnungsstätte für die Menschen aus dem bunten Stadtteil darstellen, Nachbarn, Gäste, Erzeuger- und Gastronomiebetriebe zusammenbringen und Raum für neue Ideen, Integration und Inspiration bieten.

Für Vielfalt sorgt ein enger Austausch mit bestehenden Initiativen und Institutionen vor Ort wie Park Fiction, der Kirchengemeinde St. Pauli oder den Schulen im Stadtteil. So ist beispielweise in Zusammenarbeit mit Park Fiction ein Gewächshaus in Planung. Hier sollen die klimatischen Bedingungen geschaffen werden, die es zugezogenen Menschen ermöglichen, Obst und Gemüse aus ihren Heimatländern anbauen zu können.

Gemeinschaftsgarten vor
Hamburg-Kulisse

GREEN PAULI
BY STADTGEMÜSE

Adresse Fischmarkt 28-32,
20359 Hamburg

Öffnungszeiten mittwochs ab
16 Uhr

**Anfahrt mit öffentlichen
Verkehrsmitteln** U/S-Bahn-
Haltestelle „Landungsbrücken"
(U3); weiter mit der Buslinie 2
Richtung Schenefeld bis zur
Haltestelle „Fischmarkt".

Kontakt Anuschka Lichten-
hahn-Pense (a.lichtenhahn@
wastun.net) oder Annette
Plambeck-Warrelmann
(a.warrelmann@wastun.net)

Gründung 2019, Neugestaltung
2023

Wer macht mit? Nachbarn,
Gäste, Erzeuger- und Gastronomiebetriebe, die Spaß am
Gärtnern und an Gemeinschaft
haben

Zudem arbeitet der Garten eng mit der Küche
des Restaurants „Überquell" zusammen. Mit dem Ziel,
mehr regionale Produkte zu verwenden, nutzt die
Küche bereits heute Tomaten, Basilikum und vieles
mehr aus dem Gemeinschaftsgarten. Pflanzplan und
Karte sollen künftig noch enger aufeinander abgestimmt werden, um nach dem Farm-to-table-Prinzip
die eigene Zutatenerzeugung zu fördern. Heißt, die
Zutaten werden selbst produziert und kommen ohne
Zwischenhandel frisch zubereitet auf den Tisch.

„Green Pauli bietet
den Menschen im
Viertel Raum für
Inspiration
und Integration."

FUHLSGARDEN BARMBEK

*Initiiert von der Kinderwelt Hamburg e.V. und
der Stadtteilinitiative FuhlsGarden ist in Barmbek
mit Fuhlsgarden ein Stadtteil-Garten-Projekt
im Grünzug Langenfort entstanden.*

Ökologischer Anbau und Permakultur erhalten hier den Vorzug.

Mit FuhlsGarden erstreckt sich inmitten des geschäftigen städtischen Treibens von Hamburg-Barmbek ein ökologischer Gemeinschaftsgarten, der Menschen aus dem Viertel generationsübergreifend zusammenbringt. Die Initiative wurde von einer Handvoll engagierter Bürgerinnen und Bürger, darunter Gartenbauexpertinnen, Umweltschützende und nachhaltigkeitsbewusste Bewohnerinnen und Bewohner, ins Leben gerufen.

FuhlsGarden verkörpert die Vorstellung, dass Grünflächen nicht nur für die Umwelt wichtig sind, sondern auch für das emotionale und soziale Wohlbefinden der Menschen. Der Garten soll ein Raum sein, der nicht nur Pflanzen wachsen lässt, sondern auch eine enge Gemeinschaft fördert sowie der Entspannung, Bildung und gemeinschaftlichen Aktivitäten dient.

EIN VIELFÄLTIGES ANGEBOT

Was FuhlsGarden von anderen Gemeinschaftsgärten unterscheidet, ist sein breites Spektrum an Angeboten. Von Gemüse- und Kräuterbeeten über Blumengärten bis hin zu Bienenstöcken und umweltfreundlichen Kompostierungsstationen bietet FuhlsGarden für Gartenliebhaber eine Fülle von Möglichkeiten, ihre Hände in die Erde zu stecken und die Wunder der Natur aus nächster Nähe zu erleben. Der Garten dient nicht nur als Nährboden für Pflanzen, sondern auch als Bildungsstätte, die regelmäßig Workshops zu Themen wie nachhaltigem Gartenbau, bienenfreundlichen Pflanzen und urbaner Landwirtschaft anbietet.

DAS ZUSAMMENSPIEL VON ANGEBOT UND GEMEINSCHAFT

Das Angebot basiert auf einem einfachen, aber wirkungsvollen Prinzip: Die Gemeinschaft arbeitet zusammen, um den Garten zu pflegen und die Ernte zu teilen. Von erfahrenen Gärtnerinnen und Gärtnern bis hin zu Neulingen, die gerade erst anfangen, sich mit dem Gärtnern vertraut zu machen, ist der

Hier werden gemeinsam die Hände in die Erde gesteckt, um Gemüse in Hochbeeten oder direkt im Boden anzupflanzen.

Garten ein Ort, an dem jeder willkommen ist und sein Wissen und seine Erfahrungen teilen kann.

BEWUSSTSEIN FÜR NACHHALTIGE LEBENSWEISEN

Gartenarbeit dient den Mitgliedern als guter Ausgleich für ihren oft bewegungsarmen Alltag. Gleichzeitig erhalten sie die Möglichkeit, ihren Stadtteil aktiv mitzugestalten. Obst und Gemüse wie Erdbeeren, Mangold, Rote Bete, Pflücksalat, Paprika, Bohnen, Kohlrabi, Kürbis, Gurken, Kartoffeln, Radieschen, Mais, Borretsch, Tomaten oder Grünkohl werden in Hochbeeten, direkt im Boden und im Gewächshaus angepflanzt. Der Anbau folgt den Kriterien für ökologischen Landbau und Permakultur. Außerdem wird darauf geachtet, nur samenfeste Sorten zu verwenden. Zum Projekt gehören auch zahlrei-

che, zum Teil sehr alte Obstbäume mit verschiedenen Apfelsorten, Birnen, Zwetschgen, Mirabellen und Kirschen. Eigene Bienenvölker, die von Imker Mario gehegt und gepflegt werden, übernehmen fleißig die Bestäubung sämtlicher Pflanzen.

EIN INSPIRIERENDES BEISPIEL

FuhlsGarden steht nicht nur für blühende Pflanzen und üppiges Grün, sondern auch für eine blühende Gemeinschaft, die sich um Natur, Umwelt und nachhaltige Praktiken dreht. Seit seiner Gründung vor mehr als einem Jahrzehnt hat FuhlsGarden nicht nur gezeigt, wie Grünflächen in urbanen Umgebungen geschaffen und gepflegt werden können, sondern auch, wie sie als Plattform für soziale Interaktion, Bildung und gemeinsames Wachstum dienen können. In einer Zeit, in der der Fokus auf Nachhaltigkeit

und Gemeinschaftssinn immer wichtiger wird, bleibt die Initiative ein gelungenes Beispiel dafür, welchen positiven Einfluss Gärten auf Mensch und Umgebung haben.

Die positive Wirkung von FuhlsGarden reicht jedoch über die Stadtteilgrenze hinaus: Der Garten hat dazu beigetragen, das Bewusstsein für nachhaltige Lebensweisen und den Wert von Grünflächen in städtischen Gebieten zu stärken. Durch die Workshops und Veranstaltungen, die regelmäßig stattfinden, leistet FuhlsGarden einen bedeutenden Beitrag zur Bildung und Sensibilisierung der lokalen Gemeinschaft.

> „Gartenarbeit ist der perfekte Ausgleich für einen bewegungsarmen Alltag."

FUHLSGARDEN

Adresse FuhlsGarden, Langenfort, 22307 Hamburg – auf dem sogenannten „Grabeland" in Barmbek-Nord im Grünzug Langenfort (Steilshooper Straße/Ecke Langenfort)

Fläche 3698 Quadratmeter

Öffnungszeiten sonntags ab 15 Uhr

Anfahrt mit öffentlichen Verkehrsmitteln U-Bahn-Haltestelle „Habichtstraße" (U3); zu Fuß beträgt der Weg von der U-Bahn etwa 20 Minuten. Alternativ halten die Buslinien 177 und 17 (Haltestelle „Langenfort") direkt vor der Gartenpforte.

Website www.fuhlsgarden.de

Kontakt mitmachen@fuhlsgarden.de

Gründung 2012

Wer macht mit? Familien, Jugendliche, Kinder, Anwohnerinnen und Anwohner, Urban-Gardening-Akteure, Wurmkistenspezialistinnen, Wildkräuterkenner, Naturfreundinnen, Umweltpädagogen u.a.

HILLDEGARDEN— BETEILIGUNGSPROJEKT FÜR BUNKERGRÜN AUF ST. PAULI

Das Hilldegarden e. V. Projekt auf St. Pauli beweist, dass sich Urbanität und blühende Gärten nicht ausschließen. Das Projekt konzentriert sich auf die Umwandlung des ehemaligen Luftschutzbunkers an der Feldstraße in eine grüne Oase. Der Schwerpunkt liegt darauf, Gärten zu schaffen, die nicht nur die Umwelt bereichern, sondern auch die Gemeinschaft stärken.

DIE VISION DES HILLDEGARDEN E. V.

Der Bunker auf dem Heiligengeistfeld ist heute aus der Hamburger Kultur- und Medienszene nicht mehr wegzudenken. Man kennt ihn von Club- und Konzertbesuchen oder als stillen Beobachter der Spiele des FC St. Pauli bzw. des Hamburger Doms. Doch nicht alle wissen von der dunklen Geschichte des ehemaligen Flakbunkers. Das sollte sich mit dem Hilldegarden e. V. Projekt ändern. Die Vision hinter diesem Projekt ist es, einen Ort des Erinnerns an die Verbrechen des Nationalsozialismus und des Gedenkens an seine Opfer zu schaffen. Gleichzeitig ist der Blick nach vorne gerichtet: Der vernachlässigte Raum um den Bunker soll mit Gärten in eine lebendige und nachhaltig bewirtschaftete Gemeinschaftsfläche verwandelt werden.

DIE GÄRTEN DES HILLDEGARDEN E. V.

Ein herausragendes Merkmal des Hilldegarden e. V. Projekts sind die vielfältigen Gärten, die auf dem Bunker und um ihn herum angelegt wurden. Diese Gärten sind nicht nur schön anzusehen, sondern erfüllen auch eine wichtige ökologische Funktion.

- Dachgärten: Die Dächer des Bunkers wurden in üppige grüne Oasen verwandelt. Diese Dachgärten bieten nicht nur einen atemberaubenden Blick auf die Stadt, sondern tragen auch zur Verbesserung der Luftqualität bei und bieten Lebensraum für Vögel und Insekten.
- Gemeinschaftsgärten: In den Gemeinschaftsgärten haben die Anwohnerinnen und Anwohner die Möglichkeit, eigenes Obst, Gemüse, Kräuter oder Blumen anzubauen und sich um sie zu kümmern. Das fördert nicht nur die nachbarschaftliche Bindung, sondern lehrt auch wichtige Fähigkeiten im Bereich der urbanen Landwirtschaft.
- Blühende Gärten: Bunte Blumenbeete schmücken die Umgebung des Bunkers und ziehen Bienen und Schmetterlinge an. Dies trägt zur Bestäubung von Pflanzen in der Umgebung bei und fördert die Artenvielfalt.
- Kunstgärten: Einige der Gärten im Hilldegarden e. V. Projekt wurden künstlerisch gestaltet und dienen als Ausstellungsflächen für lokale Kunstschaffende. So verbinden sich Kunst und Natur.

DIE BEDEUTUNG DES HILLDEGARDEN E. V. PROJEKTS

Das Hilldegarden e. V. Projekt hat nicht nur das Erscheinungsbild von St. Pauli verändert, sondern auch einen positiven Einfluss auf die Gemeinschaft. Neben einem Raum für Erholung und Entspannung bieten die Gärten einen Treffpunkt in der Nachbarschaft und heißen Besucherinnen und Besucher herzlich willkommen. Durch die aktive Beteiligung der Anwohnerinnen und Anwohner an der Pflege der

Gärten und am gesamten Projekt wird das Gemeinschaftsgefühl gestärkt, ein Gefühl der Eigenverantwortung für die Umwelt gefördert und ein Leben in bunter Vielfalt frei von Anfeindungen ermöglicht.

In einer Zeit, in der der Klimawandel und die Urbanisierung große Herausforderungen für Städte darstellen, ist das Hilldegarden e. V. Projekt ein besonderes Beispiel dafür, wie wir brachliegende städtische Räume auf kreative Weise nutzen und unsere Städte dadurch grüner gestalten können – um die Lebensqualität zu steigern und gleichzeitig die Umwelt zu schützen. Es zeigt, dass Städte grüner und lebenswerter gestaltet werden können, wenn die Gemeinschaft zusammenarbeitet und sich für nachhaltige Projekte engagiert.

HILLDEGARDEN E. V.

Adresse Bunker (5. Stock), Feldstraße 66, 20359 Hamburg

Fläche
- 1437 Quadratmeter Dachpark (Zen-Garten, Pflanzgefäße mit unterschiedlichen Bepflanzungen)
- 1750 Quadratmeter Kragen (Aktives Gärtnern, Lehrgarten, Stein- und Moosgarten, originalbelassener Bereich)
- 2238 Quadratmeter unterer Bergpfad (Pflanzgefäße mit unterschiedlichen Bepflanzungen)

Anfahrt mit öffentlichen Verkehrsmitteln U-Bahn-Haltestelle „Feldstraße" (U3)

Website www.hilldegarden.org

Kontakt Telefon: 040/75 36 85 98; E-Mail: info@ hilldegarden.org

Gründung 2016

Wer macht mit? Anwohnerinnen und Anwohner, Familien, Touristen und Besucherinnen, Umwelt- und Naturliebhaber, Bildungseinrichtungen, Umwelt- und Sozialaktivistinnen, Künstler und Kreative

KEBAPGARTEN AM BUNKER

Der KEBAPgarten ist ein weiteres Projekt in Hamburg-Altona, das zeigt, wie urbane Räume in grüne Paradiese und im Kontext der Großstadt überraschende Oasen der Ruhe und Kreativität verwandelt werden können. Zugleich bietet er eine Plattform für kulturelle Vielfalt und soziale Interaktion.

EINE UNGEWÖHNLICHE KULISSE

Der KEBAPgarten hat seinen Namen von dem ungewöhnlichen Standort, an dem er sich befindet – an einem ehemaligen Luftschutzbunker aus dem Zweiten Weltkrieg. Der Bunker, der einst zum Schutz vor Bombenangriffen diente, hat eine völlig neue Bestimmung gefunden und wurde im Rahmen des KulturEnergieBunkerAltonaProjekts (KEBAP) zu einem pulsierenden Zentrum für Gemeinschaft und Grünflächen umgewandelt.

URBANE ÖKOLOGIE

Um den Bunker herum und im Dachgarten, der sich über eine Fläche von 769 Quadratmetern erstreckt, wird hauptsächlich Gemüse angebaut mit dem Ziel, die Selbstversorgung in der Stadt zu erproben. Die Pflanzen wachsen in Mischkultur und in einer bestimmten Fruchtfolge auf. Das Saatgut ernten die Gärtnerinnen und Gärtner aus den eigenen, samenfesten Pflanzen, um für das nächste Gartenjahr versorgt zu sein. Gedüngt wird mit Kompost, der aus Bioabfällen gewonnen wird. Um die Beete zu bewässern, wird Regenwasser gesammelt. Und die Energieversorgung wird über Solarmodule sichergestellt. Finanziert wird das gemeinnützige KulturEnergieBunkerAltonaProjekt e. V. über die Mitgliedsbeiträge sowie über Spenden. ➡

Im KEBAPgarten wird nicht nur die biologische, sondern auch die kulturelle Vielfalt gefördert.

GRÜNES LEBEN AUF DEM BUNKER

Im KEBAPgarten am Bunker werden unterschiedliche Arten von Grünflächen gepflegt und kultiviert:

- Dachgarten: Auf dem Bunkerdach erstreckt sich ein malerischer Dachgarten, der nicht nur ein atemberaubendes Panorama auf die Stadt bietet, sondern auch eine Oase für Pflanzen und Menschen ist. Verschiedene Pflanzenarten, darunter Kräuter und Gemüse, gedeihen hier inmitten der urbanen Umgebung.
- Gemeinschaftsgarten: Der Gemeinschaftsgarten auf dem KEBAPgarten ist ein Ort der Zusammenarbeit und des gemeinsamen Gärtnerns. Anwohnerinnen und Anwohner sowie Freiwillige haben die Möglichkeit, ihre eigenen Beete zu bewirtschaften und so zur Vielfalt der Pflanzen beizutragen.
- Kulturelle Vielfalt: Der KEBAPgarten fördert nicht nur die biologische Vielfalt, sondern auch die kulturelle Vielfalt. Regelmäßig finden Kulturveranstaltungen, Konzerte und Workshops statt, ziehen Menschen mit verschiedenen kulturellen Hintergründen an und fördern den Austausch und die Verständigung zwischen den Kulturen.
- Kunstinstallationen: Der KEBAPgarten dient auch als Ausstellungsfläche für lokale Künstlerinnen und Künstler. Kunstwerke und Installationen bereichern die Gärten und geben kreative Impulse.

NORDDEUTSCHER SAATGUTBUNKER

Der KEBAPgarten wird nicht nur zur Erzeugung von Gemüse, Kräutern und Früchten für den Eigengebrauch vor Ort genutzt, sondern auch, um saatgutfeste Samen zu sammeln. Die Samen werden sorgsam gereinigt, bestimmt, beschriftet, systematisch katalogisiert und inventarisiert und im Saatgutarchiv im Bunker unter optimalen klimatischen Bedingungen gelagert. Auf diese Weise hilft der Norddeutsche Saatgutbunker dabei, die regionale Saatgutsouveränität zu bewahren. Im Bestand befinden sich etwa 100 Pflanzenarten und knapp 400 Sorten, darunter auch viele seltene Wildpflanzen, mit denen durch eine Insekten- und Vogelweide das Quartier ökologisch aufgewertet wird.

Bei der Saatgutbörse wird das selbsterzeugte Saatgut mit anderen Urban-Gardening-Projekten sowie Pflanzenliebhaberinnen und -liebhabern getauscht. Dazu wurden eigens nachhaltige Saatguttütchen gestaltet, die mit insektenfreundlichen Wild- und Zierpflanzen-Samenmischungen gefüllt werden. Die Frühlings-, Sommer-, Herbst- und Ringelblumenmischungen werden kostenlos verteilt.

EINE PLATTFORM FÜR GEMEINSCHAFT UND NACHHALTIGKEIT

Der KEBAPgarten ist weit mehr als nur ein Ort für Pflanzen und Blumen. Das Gärtnern auf dem Dach des Bunkers trägt zur Verbesserung der Luftqualität bei, schafft Lebensraum für Insekten und fördert die lokale Lebensmittelproduktion. Diese ökologischen Aspekte gehen Hand in Hand mit sozialer Verantwortung und Gemeinschaftsgeist und betonen die Bedeutung von nachhaltiger Lebensweise in der Stadt.

KEBAPGARTEN

Adresse Schomburgstraße 6-8, 22767 Hamburg (am Walter-Möller-Park)

Fläche 769 Quadratmeter

Gemeinsam Gärtnern jeden Donnerstag zwischen 15 und 18 Uhr & samstags zwischen 14 und 18 Uhr

Anfahrt mit öffentlichen Verkehrsmitteln S-Bahn-Haltestelle „Reeperbahn" (S1, S2, S3); zu Fuß beträgt der Weg von der S-Bahn etwa 10 Minuten.

Website www.kulturenergie-bunker.de

Kontakt info@kulturenergie-bunker.de

Gründung 2021

Wer macht mit? Tatkräftige, ideenreiche und offene Menschen, die Lust auf praktisches, kreatives und sinnstiftendes Tun haben. Gartenvorkenntnisse sind nicht erforderlich.

TUTENBERG INSTITUT FÜR UMWELTGESTALTUNG

Umweltbildung und Permakultur sind die treibenden Wurzeln einer einzigartigen Institution für Natur- freundinnen und Gartenenthusiasten.

Das TIFU – Tutenberg Institut für Umweltgestal- tung e. V. – ist ein besonderes Beispiel dafür, wie Gemeinschaftsgärten und Umweltbildungspro- gramme die Verbindung zwischen Mensch und Natur in urbanen Umgebungen wiederherstellen können. Das TIFU trägt dazu bei, das Bewusstsein für Umwelt- schutz und Nachhaltigkeit zu schärfen, und zeigt, dass selbst inmitten des städtischen Trubels Raum für grüne Ideen und gemeinschaftliches Handeln ist.

MEHR ALS EIN GEWÖHNLICHER GARTENVEREIN

Das TIFU wurde im Jahr 2010 ins Leben gerufen. Auf einem Gelände am Schulgartenweg im Altonaer Volkspark entstand ein ökologischer Ort der Begeg- nung für lokale und überregionale Gruppen und ein Ort für konkrete gärtnerische Praxis, an dem jeder von jedem lernen kann. Das Angebot des TIFU basiert auf einer partizipativen Herangehensweise. Die Gemeinschaftsgärten werden von Freiwilligen gepflegt und bewirtschaftet. Jeder, der sich für das Gärtnern interessiert, kann Mitglied werden und eine Parzelle im Garten übernehmen. Die Mitglieder teilen sich die Verantwortung für die Pflege und den Ertrag des Gartens.

In Nachbarschafts- und Gemeinschaftsbee- ten baut die Gemeinschaft Kräuter, Gemüse und Nutzpflanzen an. Interessierte können auf kleinen individuellen Flächen von entweder sechs oder zwölf Quadratmetern erste eigene Erfahrungen im Gemüse- und Kräuteranbau sammeln. Alter- nativ können sie mit den anderen Mitgliedern die Gemeinschaftsbeete, die sogenannten Mandelabeete, gemeinschaftlich bepflanzen und beernten. Zusam- men mit einer Wildblumenwiese und dem Naschwald mit über 100 Obstbäumen und -sträuchern ist so nach und nach ein lebendiger und „nahrhafter" Ort ent- standen. Durch die gemeinsame Praxis eignen sich die Mitstreiter auch immer mehr gärtnerische und handwerkliche Kenntnisse an, die sie nutzen, um für die Natur, nicht gegen sie zu arbeiten. Kunstdünger, Gifte oder Pestizide kommen hier nicht in den Boden, und für den Anbau von Obst, Gemüse und Kräutern wird ausschließlich samenfestes Saatgut verwen- det. Um für die Bestäubung der Pflanzen zu sorgen, haben Imker ihre Bienenkisten und Beuten auf dem Gelände aufgestellt.

> „Wildblumen und Naschobst machen den Garten zu einem lebendigen und nahrhaften Ort."

On the sign:
TiTU e.V.
PERMAKULTUR GARTEN
WWW.UMWELTGESTALTUNG.ORG

Offene Gartenpforte
Führung über unser Permakulturgelände
Jeden ersten Samstag im Monat
Von 13 – 15 Uhr

BILDUNG ALS INTEGRALER BESTAND-TEIL DES KONZEPTS

Das Tutenberg Institut hat sich nicht nur als Zentrum für urbanen Gartenbau und Gemeinschaftsgärten etabliert, sondern sich auch auf einen wichtigen Bildungsauftrag verpflichtet. So verfolgt es das Ziel, Wissen und Bewusstsein für Umweltthemen, Nachhaltigkeit und ökologische Zusammenhänge zu fördern, und bietet eine breite Palette von Programmen, Workshops und Veranstaltungen an:

ALTONAS ERSTER GARTENBAUDIREKTOR

Seinen Namen verdankt der Verein Ferdinand Tutenberg, der 1913 von der damals noch preußischen Stadt Altona als ihr erster Gartenbaudirektor berufen wurde. Schon damals war klar, dass die Menschen in der Stadt mehr Grünflächen zum Durchatmen und zur Erholung brauchten. In Zusammenarbeit mit dem damaligen Bürgermeister Bernhard Schnackenburg erwarb Tutenberg 1913 im Auftrag der Stadt die Bahrenfelder Tannen, wo aus Sand, Moor und Heide der Altonaer Volkspark entstand, der heute mit einer Gesamtfläche von über 200 Hektar die größte Parkanlage der Hansestadt Hamburg ist.

Hier finden Wildbienen
ein neues Zuhause.

- Praktisches Gärtnern: Die Gemeinschaftsgärten des TIFU sind nicht nur Orte der Erholung, sondern auch lebendige Klassenzimmer. Hier können Menschen lernen, wie sie ihr eigenes Obst und Gemüse anbauen, den Boden pflegen und ökologische Praktiken des Gartenbaus umsetzen.
- Gärtnern lernen: Hier lernen Teilnehmerinnen und Teilnehmer die Grundlagen des Gärtnerns, von der Auswahl der Pflanzen bis zur Pflege des Bodens. Dieser Workshop richtet sich an Anfängerinnen und Anfänger, die ihren grünen Daumen entwickeln möchten.
- Interaktive Workshops: Das TIFU organisiert regelmäßig Workshops zu verschiedenen Umweltthemen. Von Kompostierung über bienenfreundliche Gärten bis hin zu nachhaltiger Landwirtschaft werden praktische Fertigkeiten vermittelt, die sich leicht in den Alltag integrieren lassen.
- Vorträge und Diskussionen: Das TIFU lädt Expertinnen und Experten ein, Vorträge über aktuelle Umweltthemen zu halten. Diese Veranstaltungen bieten Gelegenheit zur Diskussion und zum Austausch von Ideen.
- Umweltpädagogik für Schulen: Das TIFU bietet spezielle Programme für Schulen an, um Schülerinnen und Schüler für Umweltthemen zu sensibilisieren. Dies beinhaltet Schulbesuche, Workshops und praktische Projekte, die den Lehrplan ergänzen.

- Nachhaltiger Lebensstil: In diesem Workshop geht es darum, wie Menschen ihren Alltag umweltfreundlicher gestalten können. Themen wie Müllvermeidung, nachhaltige Ernährung und umweltfreundliche Mobilität stehen im Mittelpunkt.
- Wildbienen und Bestäubung: Angesichts des Rückgangs der Bienenpopulationen ist der Schutz der Bestäuber von entscheidender Bedeutung. Das TIFU bietet Workshops an, die das Bewusstsein für Wildbienen schärfen und Möglichkeiten zur Unterstützung dieser wichtigen Tiere aufzeigen.
- Permakultur und ökologischer Gartenbau: Diese Fortgeschrittenen-Workshops richten sich an erfahrene Gärtnerinnen und Gärtner, die nach nachhaltigen und ressourceneffizienten Anbaumethoden suchen.
- Umweltfilmabende: Das TIFU organisiert regelmäßig Filmabende, bei denen umweltrelevante Dokumentationen und Filme gezeigt werden, woran sich Diskussion und Austausch anschließen.

Die angebotenen Umweltbildungsprogramme und Workshops sind interaktiv und praxisorientiert. Sie vermitteln nicht nur theoretisches Wissen, sondern laden die Teilnehmenden dazu ein, selbst aktiv zu werden. Dieser handlungsorientierte Ansatz fördert das Verständnis für ökologische Zusammenhänge und die Bedeutung von Nachhaltigkeit.

Die Veranstaltungen und Workshops sind für alle offen und bieten eine gute Gelegenheit, Gleichgesinnte zu treffen und voneinander zu lernen. Sie decken eine breite Palette von Themen ab, um die Interessen und Bedürfnisse der Mitglieder der Gemeinschaft zu erfüllen.

ALLES GÄRTNERT!

TIFU spricht eine breite Zielgruppe an – neben Gartenenthusiasten und Umweltinteressierten richtet sich das Programm beispielsweise auch an Schulen und Bildungseinrichtungen. Wer den Garten kennenlernen möchte, hat dazu von April bis Oktober jeweils am ersten Samstag im Monat zwischen 13 und 16 Uhr Gelegenheit. Wer mithelfen möchte, kann sich der TIFU-Kerngruppe anschließen, die sich einmal im Monat trifft.

TUTENBERG INSTITUT FÜR UMWELTGESTALTUNG E. V.

Adresse Das Gartengelände befindet sich am südlichen Rand des Altonaer Volksparks und grenzt an den Schulgartenweg.

Anfahrt mit öffentlichen Verkehrsmitteln Metrobus 2 oder 3 bis zur Haltestelle „August-Kirch-Straße"

Website www.umweltgestaltung.org

Beetvergabe nilstifu@gmail.com

Gründung 2010

Wer macht mit? Alle, die sich für verschiedene Aspekte von Umwelt, Nachhaltigkeit und Gemeinschaft interessieren

Mandalabeet zur gemeinschaftlichen Bepflanzung

DER SAISONGARTEN RAMCKE

Grüne Oase in unmittelbarer Nähe des Niendorfer Geheges für Gemeinschaft und Urban Gardening.

Der Saisongarten Ramcke ist ein weiteres besonderes Beispiel für einen Gemeinschaftsgarten, der Menschen in Hamburg zusammenbringt und eine Verbindung zur Natur und zu nachhaltigem Leben fördert. Mit seiner breiten Palette an Angeboten und der gemeinschaftlichen Herangehensweise bietet der Garten wertvolle Erfahrungen für alle, die sich für urbanen Gartenbau interessieren und das Gemeinschaftsgefühl stärken wollen.

EINE VISION VON GEMEINSCHAFT, NATURVERBUNDENHEIT UND URBANEM GARTENBAU

Der Saisongarten Ramcke wurde im Frühjahr 2012 in unmittelbarer Nähe des Niendorfer Geheges gegründet. Seine Geschichte beginnt mit einer Vision von Gemeinschaft, Naturverbundenheit und urbanem Gartenbau. Initiiert wurde das Projekt von Christoph Ramcke, der die Saisongärten gemeinsam mit seinem Onkel Peter auf den alten Äckern der Familie betreibt. Mit seinem Herzensprojekt möchte der Sportwissenschaftler und Gesundheits-/Motivationscoach Lust auf gesunde Ernährung und Bewegung in der Natur

machen. Aus den anfangs 66 vermieteten Parzellen sind mittlerweile 300 Parzellen geworden, welche Familie Ramcke an Menschen vermietet, die ihr eigenes Obst, Gemüse oder Blumen anpflanzen möchten.

EIN ORT, UM DIE VERBINDUNG ZUR NATUR WIEDERZUENTDECKEN

Eingebettet in grüne Felder können Hamburgerinnen und Hamburger in der Eidelstedter Feldmark eine Parzelle mieten, die sie ganz nach Belieben mit Gemüse, Kräutern oder Blumen bepflanzen. Der Schwerpunkt des Gartens liegt auf saisonalem Gemüseanbau und einer umweltbewussten und nachhaltigen Lebensweise. Entsprechend sind leichtlösliche Mineraldünger sowie chemisch-synthetische Pflanzenschutzmittel tabu.

Die Idee hinter dem Saisongarten Ramcke ist es, einen Raum für Menschen zu schaffen, indem sie die Verbindung zur Natur wiederentdecken und ein tieferes Verständnis für nachhaltigen Lebensstil und urbanen Gartenbau entwickeln können. Gleichzeitig soll die Bedeutung von lokal angebautem Gemüse und Obst betont werden. Zum einen ist es ein tolles

Hier kommen Menschen zusammen, die die Liebe zur Natur und Gartenarbeit miteinander teilen.

Gefühl zu wissen, wo das Obst und Gemüse, das auf dem eigenen Teller landet, herkommt. Indem die Mitglieder ihre eigenen Lebensmittel anbauen, pflegen und ernten, entsteht nicht nur eine stärkere Verbindung zur Natur. Der urbane Gemüseanbau leistet auch einen wichtigen Beitrag, den eigenen ökologischen Fußabdruck zu reduzieren.

DEN EIGENEN GEMÜSEGARTEN HEGEN UND PFLEGEN

Interessierten stehen wahlweise Flächen von vierzig oder achtzig Quadratmeter für jeweils eine Saison zur Verfügung. Zahlreiche Gemüse wie Möhren, Kürbis, Zucchini, Tomaten, Schnittsalat, Rucola, Bohnen, Zwiebeln, Kartoffeln, Porree, Rote Bete, Fenchel, Kohlrabi, Spinat oder Zuckererbsen fühlen sich hier besonders wohl. Zusätzlich unterstützt das Team des Saisongartens Ramcke Gärtnerinnen und Gärtner mit Infomaterial, um den Anbau optimal zu

planen. Als besonderer Service wird der Acker für die Gärtnerinnen und Gärtner vorbereitet: Hier wird gepflügt, gewalzt und gedüngt, bevor die Saison startet. Zudem stehen ihnen Gartengeräte und Wasser für den Anbau zur Verfügung.

Neben den Gartenbeeten gibt es auch einen Bereich für Kräuter wie Dill, Petersilie oder Basilikum und Sommerblumen, der nicht nur eine farbenfrohe Atmosphäre schafft, sondern auch dazu beiträgt, die Biodiversität und das ökologische Gleichgewicht zu fördern.

Die Mitgliedschaft im Saisongarten Ramcke ist zeitlich begrenzt und richtet sich nach der Gartensaison, die im Frühjahr beginnt und im Herbst endet. Um die Gemeinschaft auch im Winter weiter zu stärken und ihr Wissen zu erweitern, finden in dieser Zeit gemeinschaftliche Veranstaltungen und Workshops statt.

GEMEINSCHAFT IM MITTELPUNKT

Der Saisongarten Ramcke basiert auf Gemeinschaftsarbeit. Neben der Pflege der eigenen Parzelle sind die Mitglieder des Gartens dazu verpflichtet, regelmäßig an den anfallenden Gartenarbeiten teilzunehmen. Diese gemeinschaftliche Herangehensweise fördert nicht nur den Zusammenhalt, sondern ermöglicht auch den Austausch von Wissen und Erfahrungen in Sachen Gartenbau. Getauscht wird übrigens auch das Gemüse: Wer einen Überschuss hat, kann bei regelmäßig stattfindenden Treffen mit den anderen Gärtnerinnen und Gärtnern tauschen.

Um das Saatgut auszubringen, sollten Gärtnerinnen und Gärtner je nach den Gemüsesorten, die sie anpflanzen wollen, etwa ein bis zwei Tage im März oder April einplanen. Der anschließende Zeitaufwand für die Pflege des eigenen kleinen Gartens hängt vom

Wetter ab. Generell sollten Gärtnerinnen und Gärtner etwa ein bis zwei Stunden pro Woche Zeit in ihre Parzelle investieren, um sie in Schuss zu halten. Bei ausreichend Regen und warmen Temperaturen wächst das Gemüse gut und braucht nicht viel zusätzliche Pflege. Allerdings sprießt bei guten Wetterbedingungen auch das Unkraut, das regelmäßig entfernt werden sollte. Bei trockenem und heißem Wetter braucht der Garten Unterstützung. Zwar enthält der Boden ausreichend Feuchtigkeit, muss aber durch regelmäßiges Haken in Bewegung gehalten werden.

SAISONGARTEN RAMCKE

Adresse Eidelstedter Feldmark, Holloswisch, 22523 Hamburg

Anfahrt mit öffentlichen Verkehrsmitteln Niendorfer Gehege (Buslinie: 181, Fußweg: 15-20 Min.); Eidelstedter Platz (Buslinien: 4, 21, 39, 181, 185, 281, 283, 284, Fußweg 30 Min.)

Website www.saisongarten-ramcke.de

Kontakt Telefon: 040 / 432 61 980; E-Mail: info@saisongarten-ramcke.de

Gründung 2012

Wer macht mit? Alle Hamburgerinnen und Hamburger, die Interesse an urbanem Gartenbau und Gemeinschaftsgärten haben. Interessierte, Familien und Freunde sind ebenfalls herzlich willkommen.

Anmeldung Die Anmeldung für die neue Saison startet jeweils im Herbst. Es stehen Gärten in der Größe von 40 und 80 Quadratmetern zur Verfügung, die für 129 bzw. 219 € pro Saison (Frühjahr bis Herbst) gemietet werden können.

TINY-FARMING-BERGSTEDT: EINE REVOLUTION IN DER URBANEN LANDWIRTSCHAFT

Der gemeinnützige Verein Tiny-Farming-Bergstedt e.V. hat es sich zur Aufgabe gemacht, die Art und Weise, wie Stadtmenschen über die Produktion von Lebensmitteln denken, zu revolutionieren.

Die Ernte der Mini-Farmen wird in geselliger Runde gemeinsam verzehrt.

Tiny Farming ist eine Form der urbanen Landwirtschaft, die es ermöglicht, auf begrenztem Raum Lebensmittel zu produzieren. Die Idee dahinter ist, traditionelle landwirtschaftliche Praktiken zu optimieren und an die Herausforderungen des städtischen Lebens anzupassen. Tiny-Farming-Bergstedt e.V. nutzt vertikale Anbaumethoden, hydroponische Systeme und intelligente Technologien, um Obst, Gemüse und Kräuter in speziell gestalteten Mini-Farmen anzubauen.

Die Umstellung auf Tiny Farming bietet eine Reihe von Vorteilen. Dank der vertikalen Anbaumethoden kann Tiny Farming auf kleinstem Raum betrieben werden, was in städtischen Gebieten von unschätzbarem Wert ist. Zudem reduziert Tiny Farming den Bedarf an Wasser und Pestiziden ganz erheblich und fördert gleichzeitig die Kreislaufwirtschaft: Abfallprodukte werden als Dünger wiederverwendet und so dem Kreislauf wieder zugeführt. Und dank des lokalen Anbaus können frische Lebensmittel direkt an die Gemeinschaft geliefert werden, was den Transportaufwand und die CO_2-Emissionen reduziert.

In den letzten Jahren hat sich die Art und Weise, wie wir Lebensmittel produzieren, drastisch verändert. In einer Welt, die von wachsendem Umweltbewusstsein und begrenzten Ressourcen geprägt ist, gewinnt die urbane Landwirtschaft zunehmend an Bedeutung. Gerade in der Landwirtschaft ist ein Umdenken dringend notwendig. Hier setzt der Tiny-Farming-Bergstedt e.V. an und möchte aufzeigen, welche gesunden und nachhaltigen Alternativen es zur industriellen Landwirtschaft gibt.

Ziel ist es, den ökologischen Anbau von Lebensmitteln ohne Einsatz von Pestiziden und Insektiziden, ohne Ausbeutung von Mensch, Tier und Landschaft, aber unter dem Gesichtspunkt einer nachhaltigen Entwicklung zu fördern. Dieses ehrgeizige Ziel soll durch Tiny Farming erreicht werden – ein innovatives Konzept, das auf kleinstem Raum große Ergebnisse erzielt.

Im Gewächshaus wächst ungestört von Fressfeinden wie Schnecken, Kaninchen oder Rehen schmackhaftes und nährstoffreiches Gemüse, das direkt auf die Teller der Flächenmieterinnen und Vereinsmitglieder kommt. Für die Zukunft plant der Verein, sich in Richtung Market Gardening zu ent-

wickeln, um beispielsweise Ernteüberschüsse an die Bergstedterinnen und Bergstedter, die den Garten besuchen, abgeben zu können. Ein weiterer Vorteil des Anbaus im Gewächshaus liegt darin, dass selbst in den Wintermonaten Gemüse oder Salate gezogen werden können. Dank des Anbaus in Töpfen oder Hochbeeten ist weniger Wasser für das Wachstum erforderlich. Zusätzlich sorgen zahlreiche Mikroorganismen im Boden für eine gesunde Ernte. Für die Bestäubung sorgen Hummeln und Wildbienen, die der Verein auf seinem Insektenpfad fördert.

ART- UND WESENSGERECHTE TIERHALTUNG

Mit eigenen Hühnern macht der Verein zudem auf die Probleme der industriellen Tierhaltung aufmerksam. Statt sie ausschließlich als Nutztiere zu betrachten, die jeden Tag ein Ei legen müssen, soll ein Bewusstsein entstehen, dass Hühner auch liebevolle, neugierige Haustiere sein können, die art- und wesensgerecht versorgt werden müssen.

MEHR ALS NUR EIN LANDWIRTSCHAFTLICHER VEREIN

Neben der Nachhaltigkeit fördert der Verein die Zusammenarbeit und den Austausch in der Gemeinschaft. Mitglieder haben die Möglichkeit, an Workshops teilzunehmen und gemeinsam an der Pflege der Mini-Farmen zu arbeiten. Damit kein Wissen verloren geht, engagiert sich der Verein stark in der Bildung. Schulklassen und Interessierte können die Mini-Farmen besuchen und mehr über nachhaltige Landwirtschaft erfahren.

DER WEG NACH VORN

Seit der Gründung im Jahr 2019 hat der Tiny-Farming-Bergstedt e. V. bereits einiges erreicht. Mit dem Konzept „Tiny Farming" hat er gezeigt, dass selbst in dicht besiedelten urbanen Gebieten Raum für grüne Innovationen und eine nachhaltige Zukunft ist. Dem Verein ist es gelungen, die Art und Weise, wie wir über die Produktion von Lebensmitteln denken, grundlegend zu verändern. Sein Engagement für Nachhaltigkeit, Gemeinschaft und Bildung macht ihn bereits heute zu einem Vorbild für andere Städte und Regionen weltweit.

TINY-FARMING-BERG-STEDT E. V.

Adresse Furtredder 16, 22395 Hamburg

Anfahrt mit öffentlichen Verkehrsmitteln S-Bahn Linie 1 bis Haltestelle Poppenbüttel; weiter mit dem Bus: Linie 174 oder 374 bis Bergstedter Markt; Fußweg etwa 650 Meter

Website www.tinyfarming-bergstedt.de

Kontakt tiny-farming@gmx.de

Fläche 17 000 Quadratmeter

Gründung 2019

Wer macht mit? Alle, die sich für ökologische Lebensmittelversorgung, Klimaschutz, Nachhaltigkeit und Gemeinschaft interessieren.

MINITOPIA: SPIELPLATZ DER SELBSTVERSORGUNG

„Minitopia" ist ein Projekt, das die Prinzipien der Nachhaltigkeit, Gemeinschaft und des kreativen Städtebaus fördern will. Eine lebendige Gemeinschaft von Menschen hat sich dem Ziel verschrieben, nachhaltige Lebensweisen zu praktizieren und in Hamburg-Wilhelmsburg urbane Räume neu zu gestalten.

Mit Minitopia ist 2017 im Outback von Wilhelmsburg Hamburgs erste Community-Stadtfarm entstanden. Hier widmet sich das Bildungsprojekt der Förderung nachhaltiger Entwicklung in Städten und versteht sich als ein Ort des Lernens. Auf dem Gelände einer ehemaligen Lkw-Werkstatt wurden dafür Räume und Möglichkeiten für Menschen jeden Alters geschaffen, sich mit wichtigen zukunftsrelevanten Themen auseinanderzusetzen.

GLOBAL DENKEN, LOKAL HANDELN

Das Projekt konzentriert sich auf die Entwicklung und Durchführung von Projekten in der Erwachsenenbildung sowie in der außerschulischen Jugendarbeit. Entsprechend sollen die Teilnehmenden mit Bildungsangeboten und Workshops dazu ermutigt werden, sich aktiv an nachhaltiger Entwicklung zu beteiligen. Es geht nicht nur um das „Was" oder „Wie", sondern vor allem darum, die eigene Rolle mit Blick auf nachhaltige Entwicklung zu hinterfragen und individuelle Gestaltungsmöglichkeiten zu entdecken.

FOKUS AUF NACHHALTIGKEIT UND GEMEINSCHAFT

Die Projektfläche umfasst verschiedene Einrichtungen wie einen Selbstversorgergarten, der nach den Prinzipien der Permakultur bewirtschaftet wird. In der Projektküche wird das selbst angebaute Gemüse zusammen mit geretteten Lebensmitteln und Erzeugnissen aus der Solidarischen Landwirtschaft gemeinsam zubereitet. Dabei stehen Resteverwertung und traditionelle Methoden zur Verarbeitung von Lebensmitteln, die diese länger haltbar machen, auf dem Programm.

Seinen Materialbedarf versucht das Projekt aus Sachspenden zu decken und überschüssiges Material umweltfreundlich zu nutzen. Statt Kaputtes wegzuwerfen und neu zu kaufen, werden in der Do-it-yourself-Werkstatt einfache Reparaturen selbst durchgeführt und Alltagsgegenstände mit einfachen Mitteln selbst hergestellt. Für handwerkliche Projekte stehen der Gemeinschaft Werkzeuge, Wissen und tatkräftige Unterstützung zur Verfügung. Im Upcycling-Atelier steht auch kreatives Recycling auf dem Programm, um vorhandene Materialien im Sinne der Kreislaufwirtschaft ihrem nächsten Verwendungszweck zuzuführen. So entsteht im Rahmen von Workshops aus Altpapier, Altkleidern, Altglas, Kunststoffverpackungen, Holz, Metall und sonstigem „Müll" Neues wie zum Beispiel Bienenwachstücher, Kaffee- und Teefilter, Brotbeutel, Einkaufstaschen, Topflappen, Wurmkisten, Nisthilfen, Schmuck oder kleine Kunstwerke.

Hier kommt nichts weg: Im Sinne der Kreislaufwirtschaft werden Materialien recycelt.

MINITOPIA

Adresse Georg-Wilhelm-Straße 322, 21107 Hamburg

Fläche 1000 Quadratmeter

Anfahrt mit öffentlichen Verkehrsmitteln Bus: ab Bahnhof Wilhelmsburg Linie 152, 153 oder 154 bis Kornweide

Website https://minitopia. hamburg/minitopia

Kontakt Stefanie Engelbrecht: stevie@minitopia.de

Gründung 2017

Angebot Selbstversorger-Beete, Do-it-yourself-Werkstatt, Upcycling-Atelier, Projektküche

Wer macht mit? Das Projekt hat seinen Standort in Wilhelmsburg, ein Stadtteil von Hamburg, der strukturschwach ist und soziale Herausforderungen wie hohe Arbeitslosigkeit und einen hohen Anteil an Menschen, die Sozialleistungen beziehen, bewältigen muss. Das Projekt wurde von Alternation e.V. ins Leben gerufen, einer Organisation, die sich für bürgerschaftliches Engagement und die Verbreitung von Wissen im Bereich Entwicklungspolitik, Umweltschutz und soziale Gerechtigkeit einsetzt. Es richtet sich in erster Linie an die lokale Community.

UNTERSTÜTZER HERZLICH WILLKOMMEN!

Die Angebote von Minitopia richten sich in erster Linie an die lokale Community in Wilhelmsburg. Besonderes Augenmerk liegt dabei auf Kindern und Jugendlichen, insbesondere aus benachteiligten Stadtvierteln. Gleichzeitig versteht sich Minitopia als Begegnungsort und Plattform für verschiedene Initiativen und Akteure. Das Projekt fördert daher auch Kooperationen mit anderen Bildungsträgern, Vereinen und Schulen, um gemeinsam Projekte im Sinne der nachhaltigen Entwicklung zu realisieren.

Ob im Garten oder in der Holz- und Metallwerkstatt: Es gibt immer etwas zu tun, um Minitopia weiter auszubauen. Helfende Hände sind also immer willkommen. Wer mitmachen möchte, kann sich einfach per E-Mail an die Projektverantwortlichen wenden.

INTERKULTURELLER GARTEN HAMBURG-WILHELMSBURG

Was als Teilprojekt der Internationalen Gartenschau in Hamburg-Wilhelmsburg begann, ist heute ein lebendiges Beispiel für die Förderung interkulturellen Austauschs, ökologischer Nachhaltigkeit und sozialer Integration.

Gärtnern ist eine Technik, die überall auf der Welt angewendet wird. Daher braucht es auch nicht viele Worte, um trotz möglicher Sprachbarrieren friedvoll gemeinsam im Garten zu arbeiten. Diesen Ansatz verfolgt der Interkulturelle Garten Hamburg-Wilhelmsburg, der im Rahmen der igs 2013, der Internationalen Gartenschau, als interkulturelles Integrations- und Bioanbauprojekt ins Leben gerufen wurde. Der Garten wurde auf einem brachliegenden Grundstück in Wilhelmsburg angelegt und hat sich seitdem zu einer wichtigen Anlaufstelle für die lokale Gemeinschaft entwickelt.

FÜR EIN VERSTÄNDNISVOLLES UND TOLERANTES MITEINANDER

Der Interkulturelle Garten Hamburg-Wilhelmsburg e.V. ist eine offene Gemeinschaft, die Menschen jeden Alters, Geschlechts und kulturellen Hintergrunds willkommen heißt. Der Garten fungiert als wichtiger Ort für soziale Integration. Er bietet Raum für Menschen, die vielleicht neu in der Stadt sind, sich in die Gemeinschaft einbringen und ihre Fähigkeiten und Interessen teilen möchten. Gemeinsame Gartenar-beit, Veranstaltungen, Workshops und kulturelle Aktivitäten fördern das Verständnis zwischen verschiedenen Kulturen und stärken das Zusammengehörigkeitsgefühl im Quartier.

Für die Zukunft plant der Interkulturelle Garten, sein Engagement für interkulturellen Austausch und ökologische Nachhaltigkeit mit neuen Bildungsprogrammen, zusätzlichen Gartenflächen und größeren Veranstaltungen weiter auszubauen. Das langfristige Ziel ist es, die positive Wirkung des Gartens auf die Gemeinschaft weiter zu verstärken und eine noch vielfältigere und integrative Umgebung zu schaffen.

Der Interkulturelle Garten Hamburg-Wilhelmsburg e.V. ist ein hervorragendes Beispiel dafür, wie Gemeinschaftsgärten nicht nur die Umwelt verbessern, sondern auch Menschen zusammenbringen und soziale Integration fördern können. Mit seinem Engagement wird dieser Garten sicher weiterhin eine bedeutende Rolle in Hamburg spielen.

INTERKULTURELLER GARTEN HAMBURG-WILHELMSBURG E. V.

Adresse Veringstraße 147, 21107 Hamburg-Wilhelmsburg (hinterm Haus im Park beim Veringkanal am Dursun-Akçam-Ufer)

Fläche 1129 Quadratmeter

Öffnungszeiten sonntags ab 15 Uhr

Anfahrt mit öffentlichen Verkehrsmitteln Metrobus 13, Haltestelle „Krankenhaus Groß-Sand"

Website www.interkgarten.de

Kontakt info@interkgarten.de

Gründung 2013

Wer macht mit? Menschen aller Nationen, Kulturen, Religionen, Sprachen und Arbeitsweisen.

„Interkultureller Ansatz: Gegärtnert wird überall auf der Welt."

GRÜNDACHSTRATEGIE FÜR HAMBURG

Hamburg fördert die Dachbegrünung von Neu- und Bestandsbauten und unterstützt Grundeigentümerinnen und -eigentümer mit 3,5 Millionen Euro.

Hamburg gilt mit 114,07 Quadratmetern Grünfläche pro Einwohner als die grünste Stadt Deutschlands. Und damit nicht genug, hat Hamburg als erste deutsche Großstadt eine umfassende Gründachstrategie entwickelt, um noch grüner zu werden: Mindestens siebzig Prozent der Dächer von Neu- und geeigneten Bestandsgebäuden sollen bepflanzt werden. Insgesamt geht es dabei, verteilt über das ganze Stadtgebiet, um eine Fläche von hundert Hektar – das entspricht etwa der doppelten Fläche von Planten un Blomen.

ZUKUNFTSFÄHIGER UMGANG MIT REGENWASSER

Hamburgs grüne Dächer sollen im Rahmen einer nachhaltigen Stadtentwicklung einen Beitrag für mehr Lebensqualität in der Hansestadt leisten. Darüber hinaus stellt das Projekt eine wichtige Maßnahme zur Anpassung an die Auswirkungen des Klimawandels dar: Starkregenfälle nehmen zu, gleichzeitig kann immer weniger Wasser in dicht bebauten Städten versickern. Die Folge sind die Überlastung der Kanalisation und steigende Pegelstände von Elbe, Alster und Co. Die Gründächer sollen dafür sorgen, durch-

LEITBILD HAMBURGER GRÜNDACHSTRATEGIE

„Die Vision für Hamburg ist, Neubauten und geeignete Flachdachsanierungen über 100 m² mit grünen Dächern (intensiv oder extensiv) zu versehen. Mindestens 70 % der Neubauten mit Flachdach oder flachgeneigten Dächern und geeigneten Flachdachsanierungen werden begrünt, davon sind 20 % für Bewohner oder Beschäftigte als Freiräume nutzbar. Grüne Dächer werden so gebaut, dass sie eine durchschnittliche Regenwasserrückhaltung von 60 % erzielen."

Auszug aus der Drucksache „Gründachstrategie für Hamburg – Zielsetzung, Inhalt und Umsetzung"

schnittlich sechzig Prozent des Regenwassers zurückzuhalten. Auf diese Weise können Niederschläge besser verdunsten und verzögert abfließen. So entlasten sie die Kanalisation und die Hamburger Gewässer.

ARTENVIELFALT FÖRDERN

Begrünte Dächer fördern nicht nur die Regenwasserrückhaltung, sondern stellen gleichzeitig wertvollen Lebensraum für Vögel und Insekten dar. Ein Forscherteam der Uni Hamburg und der Züricher Hochschule für Angewandte Wissenschaften hat im Auf-

Dachbegrünung in Hamburg, Luftaufnahme der Hamburger Innenstadt, Blick vom Uhrturm des Michels

trag der Hamburger Umweltbehörde das Leben auf sieben ausgewählten Gründächern untersucht und dabei bisher 235 Käferarten gefunden. Und auf dem Gründach der Umweltbehörde haben sich Möwen, Enten und Austernfischer angesiedelt.

VORZEIGE-PROJEKT IN BAHRENFELD

Eines der größten Projekte, das in diesem Zusammenhang realisiert wurde, ist die Gebäude- und Dachbegrünung der DESY-Forschungshalle 36 in Hamburg-Bahrenfeld. 2021 wurden auf rund 4600 Quadratmetern Fassaden- und Flachdachfläche rund 25 000 Gräser, Stauden und Klettergehölze gepflanzt, um dafür zu sorgen, dass künftig kein Regenwasser mehr in die Kanalisation gelangt, sondern entweder verdunstet oder aufgefangen und für die Bewässerung der Pflanzen verwendet werden kann.

GRÜNDACHSTRATEGIE ALS PILOTPROJEKT

Damit nicht nur Hamburg, sondern auch andere Städte und Regionen von der Hamburger Gründach-

strategie profitieren können, arbeitet die Stadt mit der HafenCity Universität zusammen. Die Wissenschaftler erheben Messdaten zum Rückhalt von Regenwasser, um Kennzahlen für den klimatischen Nutzen unterschiedlicher Flächen zu ermitteln und daraus Rückschlüsse zu ziehen, wie Gründächer optimiert werden können, um Starkregen besser abmildern zu können.

FINANZIELLE FÖRDERUNG

Seit dem Projektstart sind bereits Dächer mit einer Fläche von achtzig Hektar begrünt worden. Um das Ziel von einhundert Hektar begrünter Dächer zu erreichen, unterstützt die Behörde für Umwelt, Klima, Energie und Agrarwirtschaft das Projekt mit insgesamt 3,5 Millionen Euro. Noch bis Ende 2024 werden einfache Intensiv- und Extensivdächer gefördert. Die Förderung kann für maximal fünfzig Prozent der Kosten pro Quadratmeter beantragt werden. Dabei gilt: Je höher die Regenwasserrückhaltung, desto höher die Förderung.

EIN EIGENES PROJEKT STARTEN

Bei der Gründung eines Urban-Gardening-Projekts gibt es einige rechtliche und organisatorische Aspekte zu beachten, damit der Traum vom selbst initiierten Stück eines grüneren Hamburgs wahr wird.

Hamburg hat sich in den letzten Jahren tatsächlich zu einem Hotspot für Urban Gardening entwickelt. Zahlreiche Projekte wie Fuhlsgarden, Hilldegarden, Gartendeck St. Pauli oder KEBAPgarten machen Lust, es mit einem eigenen Projekt zu versuchen. Wer sich im urbanen Gartenbau engagieren und einen weiteren Gemeinschaftsgarten in Hamburg gründen möchte, sollte dabei aber ein paar wichtige organisatorische und rechtliche Dinge beachten.

GLEICHGESINNTE FINDEN

Wer plant, ein eigenes Projekt aufzuziehen, braucht Gleichgesinnte, die bei der Planung, Umsetzung und später im Betrieb helfen. Neben Interesse am urbanen Gartenbau und dem nötigen Gemeinschaftssinn sollten die Mitstreiterinnen und Mitstreiter unterschiedliche Kompetenzen mitbringen. Hier sind natürlich Fachwissen über Pflanzen und deren Anbau, aber beispielsweise auch handwerkliches Geschick gefragt. Außerdem kann es hilfreich sein, wenn die Helferinnen und Helfer über die erforderlichen Werkzeuge und Maschinen verfügen oder dabei helfen können, diese zu organisieren.

"Keimzelle" im Hamburger Karolinenviertel

IDEENFINDUNG UND KONZEPTENTWICKLUNG

Um ein erfolgreiches Projekt zu starten, ist es zunächst entscheidend, eine klare Vision und ein Konzept zu entwickeln, wie man das eigene Urban-Gardening-Projekt realisieren möchte. Im ersten Schritt sollte man sich Gedanken darüber machen, welches Ziel mit dem Projekt oder einem Gemeinschaftsgarten überhaupt verfolgt werden soll und wie die Mitstreiter in die Umsetzung und den Betrieb eingebunden werden können. Ein weiterer Punkt, der bereits rechtzeitig bedacht werden sollte, ist, welche Pflanzen angebaut werden sollen: Gemüse, Obst oder Kräuter? Und soll das Projekt auch Nutztiere miteinbeziehen? Zur Beantwortung dieser Fragen können neben eigenen Ideen zur Inspiration natürlich auch Praxisbeispiele von anderen erfolgreichen Projekten in Hamburg gesammelt werden.

STANDORTSUCHE

Steht das Konzept, geht es weiter mit der Wahl des richtigen Standorts. Je nachdem, ob der Hinterhof

RECHTLICHE SCHRITTE UND GENEHMIGUNGEN

Bei der Gründung eines Gemeinschaftsgartens gibt es in Hamburg einige rechtliche Aspekte zu beachten:

- **Eigentumsrecht** Wem gehört das Grundstück oder die Fläche, die genutzt werden soll? Es wird die Zustimmung der Eigentümerinnen oder Pächter benötigt, um ein Beet oder einen Garten anzulegen.
- **Rechtsform** Um ein Urban-Gardening-Projekt umzusetzen, wird häufig ein eingetragener Verein (e.V.) gegründet, der einem gemeinnützigen Zweck dient. Für die Gründung sind die Erstellung einer Satzung und der Eintrag in das Vereinsregister erforderlich. Vermögenswerte wie Geldmittel, Gebäude oder Materialien gehören dann dem Verein.
- **Anmeldung beim Finanzamt** Vereine unterliegen in Deutschland der Körperschaftssteuer und der Umsatzsteuer. Ein gemeinnütziger Verein, dessen Einnahmen eine bestimmte Grenze nicht überschreiten, kann allerdings beim Finanzamt einen Antrag auf Steuerbefreiung stellen.
- **Gewerbliche Anmeldung** Wird beabsichtigt, die Ernte zu verkaufen, ist der Verein verpflichtet, ein Gewerbe anzumelden und Gewerbesteuer zu zahlen.
- **Umweltauflagen** Umweltauflagen oder Naturschutzbestimmungen dürfen durch das Projekt nicht verletzt werden.
- **Gemeinschaftsregeln** Für die Nutzung des Gartens und die Mitgliedschaft in der Gemeinschaft sollten bestimmte Regeln festgelegt werden, die für alle Mitglieder bindend sind. In Vereinen regelt dies die Satzung.

eines Hauses bepflanzt werden soll, Baumscheiben begrünt werden, Dächer bepflanzt oder Gemüsebeete angelegt werden sollen, muss der jeweilige Ort ein paar standortspezifische Bedingungen erfüllen. Wichtig ist aber überall, auf die Bodenqualität und die Sonneneinstrahlung zu achten, damit das gemeinsame Gärtnern auch den gewünschten Ertrag bringt. Nicht zu unterschätzen ist auch der Faktor, dass die Orte gut erreichbar sind, um von der Gemeinschaft genutzt werden zu können. Gegebenenfalls sind für die Nutzung des gewählten Standorts Genehmigungen erforderlich. Beispielsweise von der Vermieterin, einem Grundstückseigentümer oder von der Stadt.

UNTERSTÜTZUNG DURCH DIE BEHÖRDEN

Als lebendige Metropole bietet Hamburg engagierten Bürgerinnen und Bürgern Unterstützung bei der Gründung eines Gemeinschaftsgartens oder der Umsetzung eines Projekts im urbanen Gartenbau. In Hamburg ist das Bezirksamt für Stadtgrün, Naturschutz und Friedhofswesen die erste Anlaufstelle für die Initiatoren gemeinnütziger Gartenprojekte und Gründer von Community-Gärten. Bei der Genehmigung für die Nutzung von öffentlichen Flächen ist das Bezirksamt gerne behilflich. Dort können sich die Projektverantwortlichen zudem über weitere mögliche Unterstützungsmöglichkeiten informieren. Unterstützung bei der Standortsuche erhalten Grün-

BERATUNGSSTELLE FÜR NATURNAHE GÄRTEN, BALKONE UND FREIFLÄCHEN

Balkone, Gärten und private Freiflächen bieten wertvolle Lebensräume für Pflanzen und Insekten. Naturnah gestaltet, sind sie von großer Bedeutung für die städtische Biodiversität. Wie das geht und welche Pflanzen sich eignen, erfahren Hamburgerinnen und Hamburger bei **MOIN Stadtnatur**. Die **kostenfreie Beratungsstelle** wurde 2023 im Auftrag der Umweltbehörde von der Loki Schmidt Stiftung aufgebaut. Die Beraterinnen und Berater haben eine speziell für das Projekt konzipierte Fortbildung absolviert, die Wissen über heimische Wildpflanzen, Insekten und Gartentiere sowie über naturnahe Gartengestaltung, Fassaden- und Dachbegrünung vermittelt.

Wer sich beraten lassen möchte, vereinbart einen Termin. Bei einem Erstgespräch schauen die Expertinnen und Experten gemeinsam mit den Bürgerinnen und Bürgern, mit welchen Maßnahmen diese ihren Garten, Balkon oder die Terrasse naturnah gestalten können. Dabei geht es um Tipps und Infos zu Pflanzmöglichkeiten, Pflegehinweise und Bezugsquellen, und die Projektgründer können direkt loslegen.

Das Projekt wird von der Hamburger Behörde für Umwelt, Klima, Energie und Agrarwirtschaft (BUKEA) jährlich mit 80 000 Euro gefördert. Kooperationspartner sind der NABU Hamburg sowie der NaturGarten e. V. Hamburg.

derinnen und Gründer bei der Behörde für Umwelt, Klima, Energie und Agrarwirtschaft. Zudem hat die Behörde mit #moinzukunft eine Plattform für mehr Klimaschutz im Alltag ins Leben gerufen.

Darüber hinaus unterstützt die Stadt Hamburg die Umsetzung von Urban-Gardening-Projekten mit weiteren unterschiedlichen Förderprogrammen.

zelnen Bezirke. Gefördert werden Projekte, die ein gemeinnütziges Ziel verfolgen. Mit den Geldern, die von Privatpersonen, Vereinen, Organisationen oder anderen Einrichtungen beantragt werden können, werden Sach-, Betriebs- oder Personalkosten gefördert. Wer ein Projekt plant, sollte sich gründlich über die Finanzierungsmöglichkeiten informieren und einen detaillierten Finanzplan erstellen, um diesen potenziellen Geldgebern vorlegen zu können.

KOSTEN SPAREN

Nachhaltigkeit spielt in Urban-Gardening-Projekten eine entscheidende Rolle. Gleichzeitig hilft sie dabei, die Kosten für Gemeinschaftsgärten möglichst gering zu halten. Statt Geld für neue, teure Werkzeuge und Maschinen auszugeben, tun es meist auch gebrauchte Gegenstände. Geräte, die selten gebraucht werden, können bei Bedarf auch geliehen werden. Für die Anlage des Gemeinschaftsgartens lassen sich „alte" Materialien hervorragend upcyceln und wiederverwenden. Und statt Know-how teuer zu verkaufen, geben Fachleute ihr Wissen für gemeinnützige Projekte gerne auch kostenlos weiter. In Hamburg gibt es eine lebendige Gemeinschaft von Urban-Gardening-Enthusiasten, die bei der Gründung neuer Projekte helfen. Vernetzung mit anderen Gärtnerinnen und Gärtnern und der Austausch von Erfahrungen sind der beste Start.

FINANZPLANUNG

Die Gründung eines Urban-Gardening-Projekts erfordert finanzielle Planung. Zu den Kosten können Grundstückspacht, Gartengeräte, Samen, Pflanzen, Wasser- und Stromkosten, Versicherungen und eventuell auch die Bezahlung von Mitarbeitenden oder freiwilligen Helferinnen und Helfern gehören.

Um finanzielle Unterstützung zu erhalten, gibt es vielfältige Mittel und Wege. Zum einen besteht die Möglichkeit, Unterstützung vom Bund und den Ländern zu beantragen, aber auch bei privaten Stiftungen und lokalen Unternehmen lohnt die Anfrage. Daneben können Projekte durch Stipendien, Spenden oder auch durch Crowdfunding finanziert werden.

Eine Möglichkeit, um finanzielle Mittel für ein Urban-Gardening-Projekt in Hamburg zu bekommen, sind die sogenannten Quartiersfonds der ein-

„Hamburg hat sich zum Hotspot für urbane Gartenprojekte entwickelt."

DIE AUTORIN

Yasmin Maddi wurde 1971 in Hamburg geboren. Neben dem Gärtnern gilt ihre Leidenschaft DIY, Hunden und der Beschäftigung mit Texten: Beruflich blickt die Diplombibliothekarin auf eine lange Zeit in der Kommunikationsbranche zurück und arbeitet seit 2020 als freiberufliche Redakteurin.

www.yasminmaddi.de

QUELLEN

New Yorker Community Gärten: Die Wurzeln des urbanen Gartenbaus
http://www.lizchristygarden.us

Back to Nature: Die Zukunft des Urban Gardening
https://www.cam.ac.uk/stories/growingunderground
https://www.bht-berlin.de/m-upfm

400 Quadratmeter Gartenglück: Schrebergärten in Hamburg
https://www.gesetze-im-internet.de/bkleingg/BJNR002100983.html
https://www.gartenfreunde-hh.de
https://www.hamburg.de/contentblob/6492296/55ac714ff5e6822028cc94a2a2d27e24/data/kleingartenbedarfsanalyse.pdf

Großstadtbienen: Imkern in Hamburg
https://www.ivhh.de/imkern
https://www.hamburg.de/tierschutz-tiergesundheit/1004816/meldepflicht-bienenhalter

Nutztierhaltung im urbanen Raum
https://serviceportal.hamburg.de/HamburgGateway/Service/Entry/RTierH
https://www.hamburg.de/tierschutz-tiergesundheit/1004930/meldepflicht-tiere-allgemein-hamburg

Kompostieren statt verschwenden: Kreislaufwirtschaft im eigenen Garten
https://www.umwelt.niedersachsen.de/startseite/themen/abfall/bioabfall/-8999.html#:~:text=Kompost%20kann%20im%20Garten%2C%20in,Böden%20wird%20das%20Wasserhaltevermögen%20verbessert.
https://www.europarl.europa.eu/news/de/headlines/economy/20151201STO05603/kreislaufwirtschaft-definition-und-vorteile

Schädlingsbekämpfung im urbanen Gartenbau: Natürliche Lösungen für nachhaltiges Wachstum
https://www.hamburg.de/pflanzenschutz/start-schaedlinge
https://www.nabu.de/umwelt-und-ressourcen/oekologisch-leben/balkon-und-garten/pflege/pflanzenschutz/nuetzlinge/index.html
https://www.nabu.de/imperia/md/content/nabude/insekten/220727-nabu-insekten-gegen-schaedlinge.pdf

Kräutertouren
https://www.vhs-hamburg.de/kurs/den-inselpark-entdecken-krauter-und-wildgemuse/364073
https://stadtparkverein.de/rundgaenge-im-stadtpark/kraeuterwanderungen
https://unkraut-liebe.de/termin/kulinarische-wildpflanzenfuehrung-april-2024
https://waldsamkeit.de/produkt/wildkraeuter-spaziergang-3h-hamburg

Pfefferminze: Entdecke die Möglichkeiten
https://www.kitchenstories.com/de/rezepte/minzeis-mit-schokostuckchen

Blick in Nachbars Garten: Krämers Bienenwiese
https://www.fcstpauli.com/kiezhelden/aktuelles/bienen-projekt
https://hamburg.nabu.de/tiere-und-pflanzen/garten/garten-tipps/05222.html

Dachbegrünung: Der Natur etwas zurückgeben
https://www.umweltbundesamt.de/daten/flaeche-boden-land-oekosysteme/boden/bodenversiegelung
https://www.hamburg.de/gruendach/faq/4419198/was-ist-gruendachstrategie

So schmeckt der Sommer: Baumobst und Beeren selbst anbauen
https://www.altesland-entdecken.de/obstanbau-im-alten-land/#:~:text=Obstanbau%20im%20Alten%20Land%20%7C%20Obstbäume,Obst%20ist%20druckempfindlich.

Schlaraffenland am Wegesrand: Wegobst in Hamburg entdecken
https://mundraub.org/map#z=18&lat=53.546355892697925&lng=9.958309829235079 (URL Karte)
https://www.hamburg.de/mein-baum-meine-stadt-daten-fakten
https://www.statistik-nord.de/presse-veroeffentlichungen/presseinformationen/dokumentenansicht/baumobstanbau-in-hamburg-2022-64253
Regional und saisonal: Gemüse im eigenen Garten anbauen
https://www.nabu.de/umwelt-und-ressourcen/oekologisch-leben/balkon-und-garten/trends-service/empfehlungen/00592.html

Rhabarber aus dem eigenen Garten für mehr Vielfalt in der Küche
https://www.springlane.de/magazin/rezeptideen/rhabarber-vanille-marmelade
https://www.foodboom.de/rezept/rhabarberkuchen-mit-weis-ser-schokoladen-creme
https://www.springlane.de/magazin/rezeptideen/selbstge-machter-rhabarber-tomaten-ketchup

Urban Farming: Zugang zu frischen Lebensmitteln in Städten
https://www.destatis.de/DE/Presse/Pressemitteilungen/2018/07/PD18_253_91.html

Pariser Marktgärten
https://fr.wikipedia.org/wiki/March%C3%A9_d%27Aligre
https://en.wikipedia.org/wiki/March%C3%A9_des_Enfants_Rouges

Vertikale Landwirtschaft
https://www.landwirtschaft.de/landwirtschaft-erleben/landwirtschaft-hautnah/in-der-stadt/vertical-farming-landwirt-schaft-in-der-senkrechten

Gründachstrategie Hamburg
https://www.hamburg.de/contentblob/4334618/2510ee3f7968bb09e58bf2f49837b133/data/d-drucksache-gruendachstra-tegie.pdf (Auszug Text Infokasten)
https://www.hamburg.de
https://www.hamburg.de/gruendach-hamburg/4364586/gruendachstrategie-hamburg
https://www.hamburgportal.de/die-stadt-hamburg/stadtteile/hamburg-ist-deutschlands-gruenste-stadt/#:~:text=Nicht%20umsonst%20gilt%20Hamburg%20als,besten%20Zehn%20(Platz%209)

Urban Gardening in Hamburg: Ein eigenes Projekt starten
https://www.hamburg.de/contentblob/17148048/520ef099cc6b17bcf2f9e04052bc3bb9/data/merkblatt-mittelvergabe.pdf
https://www.hamburg.de/mitte/quartiersfonds
https://www.moinzukunft.hamburg/alltags-tipps/freizeit-nach-haltig-gestalten/urban-gardening-in-hamburg-14974
https://moinstadtnatur.de
https://www.hamburg.de/bukea/17241006/2023-07-10-bukea-moin-stadtnatur

BILDNACHWEIS

Impressum

Junius Verlag GmbH
Stresemannstraße 375
22761 Hamburg

© 2024 by Junius Verlag GmbH
© für Texte: Yasmin Maddi
Alle Rechte vorbehalten.

Printed in the EU
1. Auflage 2024
ISBN 978-3-96060-584-3

Coverdesign und Layoutkonzept:
Simone Andjelković
Satz: Junius Verlag

Die Deutsche Nationalbibliothek verzeichnet diese
Publikation in der Deutschen Nationalbibliografie,
detaillierte bibliografische Daten sind im Internet über
http://dnb.dnb.de abrufbar.